Ich wünsche Ihnen
viel Spaß beim
Nachkochen!

Ihr
Helmut Gießel

Die besten Rezepte der Cucina casalinga

Interpretiert
von Helmut Griebl

Collection
Thomas H. Althoff

Für meinen Freund und Lehrer Hubert Spiegel
J.B.

Rezepte: Helmut Griebl
Texte, Fotos, Layout: Jan Brinkmann
Fachliche Beratung: Andreas Schmitt
Italienische Beratung und Korrektur: Dr.ssa Christiana Orlandi
Druck: Benatzky Druck und Medien, Hannover
Gedruckt in PAN 4c
Alle Rechte bei Jan Brinkmann, Hannover
Gesamtherstellung: JB Verlag, Hannover
ISBN 978-3-00-028365-9

Verehrte Leser!

Cucina casalinga, die italienische Küche auf Hausfrauenart, klingt so wie sie ist: warm und herzlich. Ehrlichkeit ist das herausragende Attribut dieser Art zu kochen. Sie ist sich und ich bin ihr treu. Vielleicht teilen wir ja bald diese Liebe zu einer traditionellen Küche, die sich ständig weiterentwickelt. Jede Zutat dieser Gerichte behält während der Zubereitung ihre Persönlichkeit, ihre Note. In der Komposition ergänzen sie sich, sättigen angenehm und machen zufrieden. Sie sind besonders geeignet für diese Tage, an denen wir entspannt mit Freunden und Familie genießen möchten. Da stehen die Freundschaft, das Vertrauen und die Nähe im Mittelpunkt. Der kulinarische Rahmen sollte hier unkompliziert und leicht sein. Das macht die „Cucina casalinga" möglich und Sie glücklich.

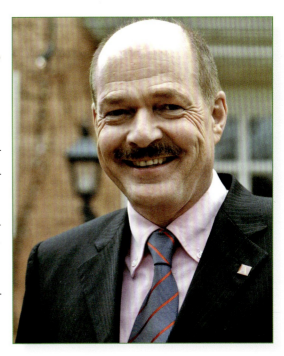

Von *Chef* Helmut Griebl gekocht und serviert in der Taverna & Trattoria PALIO des Hotels Fürstenhof, Celle, ist sie die ideale Ergänzung unserer Gourmetküche am gleichen Platz. Präzise und elegant kocht hier Sternekoch Hans Sobotka im Restaurant ENDTENFANG französische Speisen auf höchstem Niveau.

Diese Restaurants, zu finden unter den Weltbesten, machen den Unterschied. So werden sehr gute Hotels zu Häusern meiner Althoff Hotel Collection. Ein Standard, den ich gerne für Sie täglich bereithalte.

Das Kochbuch schließt mit vier Rezepten von Marcus Graun, Chefkoch der Trattoria Enoteca des Grandhotel Schloss Bensberg.

Er interpretiert die italienische Küche auf seine Weise und läßt Sie mit diesen Gerichten an seiner Erfahrung teilhaben. Und vielleicht machen sie Appetit auf einen Ausflug ins Rheinland?

Heute wünsche ich Ihnen viel Freude mit den notierten Rezepten und hoffe, dass unsere Küche Ihr heimisches Flair bereichern wird. Lassen Sie es sich gut gehen, buon appetito!

Ihr Thomas H. Althoff

Inhaltsverzeichnis

(Die Rezepte sind jeweils für vier Personen)

5	Thomas H. Althoff
10	Helmut Griebl: Die italienische Küche und ihre vielen regionalen Ausprägungen
12	**Antipasti – das Vorspiel**
14	Kalbszunge mit Salsa verde
16	Antipasti – kleine Zauberei mit Gemüse
18	Carne cruda vom Kalb mit Pesto
19	Ligurischer Kartoffelsalat mit Calamaretti
20	Panzanella mit Scampi
22	Gefüllte Zwiebel und Wildschweinsalami
23	Frittata von jungem Blattspinat
26	**Le Zuppe – ein (meist) heisses Thema**
28	Pasta in brodo / Zuppa alla genovese
30	Unsere Ribollita (die „Aufgewärmte"): Toskanische Kohlsuppe mit Bohnen
31	Weit mehr als „Kochwasser" – Aquacotta - Toskanische Tomaten-Pilzsuppe
32	Der Klassiker: „Der" Minestrone
36	**Pasta: Besser fresca oder lieber secca???**
38	Dieses sind die wichtigsten Saucen
42	Spaghetti all' aglio, olio e peperoncini
44	Penne all'amatriciana
46	Ravioli „Palio" – unser Liebling
48	Pansotti mit Ochsenschwanzfüllung
50	Agnolotti mit Fonduta-Sauce
51	Pici mit Wildschweinsugo
52	Gnocchi alla piemontese, Haselnussbutter und mostarda von Aprikosen
54	**Risotto: die Grosse Oper in fünf Akten**
55	Ziemlich edel: Risotto alla milanese
56	Risotto al barolo mit Entenbrust
58	**Fisch und Meeresfrüchte – schöner als Luxus**
60	Cacciuco alla livornese
62	Jakobsmuscheln all'arrabbiata mit Kapern

64	Thunfisch mit gegrillter Wassermelone
68	Rotbarbe (in der Folie gegart) mit Tomaten, Muscheln und Oliven

72 La carne, il pollame, la cacciagione – Das Fleisch, das Geflügel, das Wild

71	Spezzatino vom Wildschwein mit Gnocchi
76	Rinderfilet Siracusa mit Mandeln & Safran
81	Palio – Kulinarische Sensation auf leisen Sohlen
82	Cordonbleu „Palio" mit Fontina-Käse und Parmaschinken
83	Fasan, Traubensauce & cremige Polenta
84	Geschmorter Ochsenschwanz, gebratene Polenta & Lardo di colonnata
86	Lammhaxe geschmort mit Artischocken
88	Involtini vom Kalb, Tomaten-Zwiebelragout
90	Entenbrust mit Chiantisauce, Feigenmostarda & geschmortem Chicorée
92	Perlhuhn auf Peperonata
94	Geschmortes Kaninchen in vino bianco
96	Ossobuco mit Gremolata & Risotto milanese

100 I Dolci – die süsseste Form der italienischen Verführung

102	Melonensalat mit Minzeis
104	Gelato di panna, geschmorte Zwetschgen, Orangenstreifen und alter Balsamico
106	Bonet Schokoladenpudding
107	Erdbeer-Risotto mit grünem Pfeffer
108	Geschmorte Williams Christ Birne mit Marsala und Zimt
110	Cassata von Cantuccini
114	Tutti a posto für die cucina casalinga – Was Sie im Hause haben sollten
116	Des Palios gute Seele: Frau Walter
118	Eine Reise wert: Trattoria Enoteca im Grandhotel Schloss Bensberg
120	Risotto von Amalfi-Zitronen
121	Thunfischfilet in Olivenöl confiert mit Sauce Vitello, Spargel und Nordseekrabben
122	Ravioli mit Stengelkohl
124	Olivenöl-Schokoladenmousse mit Prosecco-Gelee und Himbeeren
126	Wenn das Glück flüssig ist – Die Weine und Brände des Palio
127	Poggio Antico – Die Menschen, die Liebe und die Leidenschaft…
128	Distilleria Nonino S.p.A. – Frauenpower für die Sanftheit des Grappa
129	Azienda Agricola Candialle – Sangiovese aus dem Tal der Goldenen Schale
130	Register

Helmut Griebl: Die „italienische Küche"...

Es ist wirklich so: Die italienische Küche ist keine Nationalküche; der Begriff beschreibt allenfalls die enorme Vielfalt der regionalen und auch soziologisch differenzierten Küchen des Landes. Daran konnte (und wollte) der große Einiger und Kochbuchautor Pellegrino Artusi nichts ändern.

Zwar wird auch die deutsche, die spanische und sogar die französische Küche mehr oder weniger stark von regionalen Einflüssen geprägt. Doch nirgendwo anders als in Italien sind die Unterschiede so klar. Deshalb wohl kann der nachbarliche Streit um das „richtige Risotto", um nur ein Beispiel zu nennen, mit derartiger Lust und Leidenschaft geführt werden.

Die Küche des Palio entzieht sich solcher Zwietracht seit mehr als einem Jahrzehnt mit gelassener Eleganz. Sie nimmt sich aus den Traditionen, was ihr gut erscheint, wandelt ein wenig ab, wenn es Spaß (und Sinn) macht, erfindet auch einmal neu.

Im Geist der Cucina casalinga, einem Begriff der mit „Hausfrauenküche" freilich nur teutonisch plump zu übersetzen wäre.

Die Rezepte in diesem Buch sind auf den ersten Blick recht einfach. Sie sind auf jeden Fall auch für den Nicht-Profi nachkochbar.

Allerdings setzt die Küche unseres Palio auf durchweg vorzügliche Produkte – wie es ja auch die meisten der „Hausfrauen" in Italien tun.

Gewiss haben auch jenseits der Alpen Supermärkte mit ihren Massenprodukten mehr und mehr Kunden an sich gezogen. Doch bei den Grundlagen ihrer Küche, beim Wein, dem Öl, der Pasta, Fisch, Fleisch und Geflügel, dem Gemüse und dem frischen Obst, kaufen die Köchinnen *con amore* ein.

Machen Sie es doch genau so, wenn Sie vorhaben die sanften Wonnen der Cucina casalinga nachvollziehen zu wollen. Und freuen Sie sich voller Erwartung auf die Resultate.

Oder: kommen Sie einfach noch einmal bei uns vorbei, ins Palio.

Viel Spaß beim Nachkochen wünscht Ihnen

Ihr Helmut Griebl

. und ihre vielen regionalen Ausprägungen

Antipasti – das Vorspiel

Zunächst eine kleine Sprachkunde für Besserwisser: Antipasti heißen nicht so, weil sie – was ja eigentlich völlig richtig wäre – vor der Pasta auf den Tisch kommen; dann würden unsere italienischen Freunde vermutlich von „Anti Paste" sprechen. Antipasti ist viel mehr die wörtliche Übersetzung unserer Vor-Speisen – „Pasto" heißt Speise.

Aber bei der wörtlichen Übereinstimmung hört es auch schon auf. Antipasti, das ist viel mehr als Vorspeise, das ist Philosophie! Die beneidenswerte gastrosophische Weisheit, vor dem Mahle nicht einfach geduldig wartend bei Tisch zu sitzen, sondern quasi sofort nach der Zusammenkunft mit gemeinsamer Schlemmerei (und dem Austausch von Meinungen) zu beginnen.

Die sprichwörtliche italienische Gastfreundschaft zeigt sich hier zunächst mit Kleinigkeiten, oft scheinbar einfachen Genüssen, die sich rasch zu einer fast unüberschaubar reichen Palette auffächern, weil jede Region, jedes Tal und jede Küste, der Norden und die Mitte und der Süden und die Inseln, ja manchmal fast jedes Dorf seine eigenen kleinen Spezialitäten haben kann. Italien halt, ein Land das aus vielen, vielen Mini-Staaten erst Mitte des 19. Jahrhunderts zur Nation geworden ist.

Allen Antipasti gemein ist eine hinreißend einfache Eigenschaft: Lecker sind sie! Gleich, ob es ein paar Scheiben Salami sind, Oliven oder etwas Gemüse. Oder kleine Gerichte, die freilich mit der gleichen Sorgfalt und Liebe gekocht worden sind, wie Zuppe, Pasta, Paste und Dolci, die später folgen werden.

Antipasti, das lässt sich auch mit kulinarischem Vorspiel auf italienisch übersetzen. So mag es nicht überraschen, dass sich die Themen der Cucina casalinga im Palio wie bei der Ouvertüre einer Oper schon hier ankündigen: Suppe, Gemüse und Salat, Fisch und Fleisch geben einen wundervoll anregenden Vorgeschmack auf „das, was noch kommt".

Was in der italienischen Familienküche selbstverständlich ist, können auch Sie zu Hause nachbilden: Ein wenig Brot und Olivenöl, ein paar Scheibchen Salami und Schinken, ein rasch gemachter kleiner Salat, vielleicht sogar dieser herrliche Zwitter aus Suppe und Brotsalat, die Panzanella, die Helmut Griebl hier vorstellt.

Sie brauchen nur das Prinzip erkennen – und dürfen dann ihrer Phantasie freien Lauf lassen.

Kalbszunge mit Salsa verde

Dieses fürstliche Gericht verlangt nach ein wenig Aufmerksamkeit. Selbstverständlich sehen wir im Palio darauf, nur beste Fleischqualität zu verwenden.
Beim Nachkochen sollten Sie unbedingt aufpassen, die Zunge nicht wirklich zu kochen, sondern nur bei ca. 90° C köcheln zu lassen. Nur so wird sie wirklich zart und bleibt saftig!
Das Rezept der Salsa verde finden Sie auf Seite 38.

Für die Zunge
Eine Kalbszunge
1/8 Staudensellerie
2 Möhren
1 Zwiebel
1 Zweig Rosmarin
1 Zweig Thymian
2 frische Knoblauchzehen
Salz

Für die Marinade
150 ml Olivenöl
20 g Meersalz
1 Zitrone
Pfeffer aus der Mühle

Die Kalbszunge in das siedende Wasser legen, Gemüse, Knoblauch, Kräuter und Salz zugeben. Das Ganze rund 2 Stunden ziehen lassen. Garprobe mit einer Fleischgabel: das Fleisch sollte zart sein aber noch ein wenig Widerstand leisten. Dann die Zunge aus der Brühe nehmen und die Haut abziehen.

Nach dem Auskühlen dünn aufschneiden und nebeneinander (wie bei einem Carpaccio) auf einen Teller oder eine Platte legen. Nacheinander mit Olivenöl, Zitrone, Meersalz und Pfeffer aus der Mühle würzen.

Antipasti - kleine Zauberei mit Gemüse

Hier trennen sich die Gemüter: Nach dem altbekannten Zitat aus der deutschen Märchenwelt, „die Guten ins Töpfchen, die Schlechten ins Kröpfchen..." lassen sich italienische Ristoranti in Deutschland (aber nicht nur dort!) schon bei den Antipasti unterscheiden.
Lesen Sie, welcher Aufwand im Palio der Normalzustand ist – und vergleichen Sie dies ruhig einmal mit jenen „Italienern", die ihren Antipasti-Vorrat im Großhandel auffüllen...

Das Gemüse
1 rote Paprika
1 gelbe Paprika
1 grüne Paprika
16 Champignons
1 Zucchini
1 Peperoni
1 Knoblauchzehe
2 geviertelte Schalotten
150 ml Balsamicoessig
130 ml Olivenöl
1 Zweig Rosmarin
1 Zweig Thymian
Salz, Pfeffer

Die Linsen
50 g Berglinsen (am besten aus Umbrien)
50 ml Balsamicoessig
50 ml Olivenöl
1 Schalotte
1 Knoblauchzehe
Salz, Pfeffer

Zubereitung Gemüse
Das gesamte Gemüse in gleich große Stücke schneiden.
In einem Topf Schalotten, Knoblauchzehe und Peperoni im Olivenöl anschwitzen, dann das klein geschnittene Gemüse zugeben, mit Balsamicoessig und Kräutern aufgießen, mit Salz und Pfeffer würzen und bissfest köcheln.
Am besten ist es, das Gemüse ein paar Tage im Kühlschrank durchziehen zu lassen, damit sich der Geschmack entfalten kann.

Zubereitung Linsen
Linsen mit dreifachem Wasseranteil einen Tag vorher einweichen. Eine Schalotte in feine Würfel schneiden im Topf in Olivenöl anschwitzen. Knoblauchzehe und Linsen mit dem Einweichwasser zugeben und die Linsen weichkochen. Dann mit Balsamicoessig, Salz und Pfeffer vollenden.
Zu unseren Linsen servieren wir im Palio toskanische Salami und das Gemüse mit gerösteten Nüssen oder Parmesan Reggiano. Das Ganze wird dann mit ein wenig Caprese und Parmaschinken mit Melone vollendet.

Carne cruda vom Kalb mit Pesto

Kennen Sie „das Land, wo die Zitronen blühen"? Sie lernen es hier auf dem Teller kennen. Von einem üblichen Rinds-Tatar unterscheidet sich dieses Gericht einmal durch das Kalbfleisch. Vor allem aber durch die fein-säuerlichen Zitronentöne.

Und natürlich gibt das Pesto die unverwechselbar italienische Note. Das Pesto-Rezept finden Sie auf Seite 39.

Ein Tipp: Lassen Sie das Fleisch ganz leicht anfrieren, dann schneidet es sich einfacher!

SIE BRAUCHEN PRO PERSON
80 g Kalbfleisch (möglichst frisch; am besten Filet, Nuss oder Rücken)
eine Spur Knoblauch
1 Tl frisch gepresster Zitron- oder Limonenensaft
den Abrieb einer viertel Zitrone
1 EL Olivenöl
Parmesan Reggiano oder alter Pecorino
Salz & Pfeffer aus der Mühle

Das Kalbfleisch mit einem scharfen Messer sehr fein schneiden bis es aussieht wie Gehacktes. Nun den Knoblauch sehr fein hacken und mit dem Kalbstatar vermengen.

Das Tatar mit Zitronenabrieb, Zitronensaft, Salz, grobem Pfeffer aus der Mühle würzen. (Das Vermengen geht am besten mit einer großen Gabel). Zuletzt noch etwas Parmesan oder Pecorino je nach Geschmack über das Carne cruda geben.

Wir servieren das Carne cruda im Palio mit unserem hausgemachten Pesto.

Ligurischer Kartoffelsalat mit Calamaretti

Dieses Gericht können Sie auch ohne die Begleitung der kleinen Tintenfische zubereiten – dann erhalten Sie eine reizvolle Alternative zu Ihrem üblichen Kartoffelsalat. Selbstverständlich aber geben vor allem die Calamaretti dem Ganzen wirklich Profil.
Wichtig: Die Calamaretti werden im Palio sehr, sehr sorgfältig geputzt!

Für den Kartoffelsalat
pro Person
200 g Pellkartoffeln
1 Limette
20 g glatte Petersilienblätter
1 kl. Knoblauchzehe
Salz, Pfeffer, Olivenöl

Für die Calamaretti
pro Person
8 geputzte Calamaretti-Tentakeln
1/4 rote Peperoni
1 kl. Knoblauchzehe
2 EL Olivenöl
1 Stängel Frühlingslauch
Salz und Pfeffer

Kartoffelsalat
Gekochte, geschälte Pellkartoffeln in feine Scheiben schneiden, mit dem Saft der Limette, der fein gehackten Knoblauchzehe und der in feine Streifen geschnittenen Petersilie vermengen und mit Olivenöl, Salz und Pfeffer abschmecken, so dass ein seidig-würziger, „limoniger" Geschmack entsteht.

Calamaretti
Die sorgfältig geputzten Tentakeln in Olivenöl anbraten. Peperoni, Knoblauchzehe und Frühlingslauch zugeben und etwa eine Minute anschwitzen lassen. Mit Salz und Pfeffer abschmecken, die Knoblauchzehe entfernen und die Tentakel auf dem Kartoffelsalat servieren.

Panzanella mit Scampi

Dies ist einer der unbestrittenen Klassiker des Palio. Und wieder einmal ein Beispiel dafür, dass viele Herrlichkeiten der Cucina casalinga aus den Küchen der Nicht-Reichen zu uns gekommen sind. Wichtig bei der Zubereitung: Den Zeitpunkt zu erwischen, in dem die Brotwürfel einerseits genügend Marinade gezogen haben und andererseits noch etwas knusprig sind!
In der Heimat dieses Gerichts, wird für die Panzanella Toskana-Brot verwendet, das mit Dinkelmehl und Olivenöl gebacken seinen ganz eigenen Geschmack mitbringt. Die in diesem Rezept verwendeten altbackenen Brötchen sind freilich ein guter Kompromiss.
Sie dürfen Ihre Panzanella durchaus auch einmal mit angeröstetem Graubrot versuchen.

Für den Tomatensalat
8 sonnengereifte Tomaten
40 ml Balsamicoessig
40 ml Olivenöl
10 Basilikumblätter
1 kl. Knoblauchzehe
Salz und Pfeffer
16 Scampi, mittelgroß

Für das Brot
4 altbackene Brötchen
100 ml Olivenöl
30 g Butter
Salz

Die Tomaten enthäuten, entkernen und in feine Filets schneiden. Mit Balsamico, Olivenöl, Salz und Pfeffer abschmecken. Die Knoblauchzehe klein schneiden und Basilikumblätter, in feine Streifen geschnitten, nach Geschmack zugeben.
Die Scampi von ihrem Darm befreien und in Olivenöl mit etwas Knoblauch knackig anbraten, eine Minute ruhen lassen.

Das Brot in ca. ein Zentimeter kleine Würfel schneiden und in Olivenöl anrösten. Wenn die Brotwürfel goldgelb sind, mit Butter aufschäumen und mit Salz leicht würzen.
Das Brot in einem Sieb ganz kurz abtropfen lassen, dann auf Küchenpapier legen, noch einmal kurz abtrocknen lassen und zu dem Tomatensalat geben. Warm servieren.

Gefüllte Zwiebel und Wildschweinsalami

Dies könnte der optische und kulinarische Mittelpunkt für Ihre Antipasti sein. Achten Sie darauf, den „Deckel" der Zwiebel möglichst gerade abzuschneiden, damit er später nicht herunter rutscht. Statt der Wildschweinsalami, die wir im Palio verwenden, können Sie auch eine andere kräftige italienische Salami verwenden.
Übrigens: Viele Freunde des Landes werden wohl kaum an typisch italienische Tafelfreuden denken, wenn vom Wildschwein, dem nahen Verwandten unserer deutschen Jolante die Rede ist. Tatsächlich aber sind die größeren europäischen Wildschweine (sus scrofa) und ihre kleineren italienischen Schwestern in den immer noch zahlreichen Wälder so häufig zu finden, dass die Verwendung ihres überaus würzigen Fleisches in den Küchen vieler italienischer Regionen eine bedeutende Rolle spielt.

4 große weiße Zwiebeln
120 g Wildschweinsalami (fein gewürfelt)
2 Zweige Thymian (die Blätter)
1 kl. Knoblauchzehe
300 ml Sahne
20 ml Olivenöl
1 EL Mehl
Salz und Pfeffer

Die Knoblauchzehe fein hacken und die kleinen Thymianblätter von den Stielen abzupfen. Von der Zwiebel die spitze Blütenseite ca. 10 mm dick abschneiden (das gibt den Deckel) und die Zwiebel mit einem Kugelausstecker (oder Teelöffel) aushöhlen. Die Zwiebel mit ihrem Deckel nun für 15 Minuten in den Ofen geben und bei 170°C backen.
In der Zwischenzeit die Wildschweinsalami zunächst in Scheiben und dann in feine Würfel schneiden. Die ausgestochenen „Zwiebelinnereien" mit Knoblauch und Thymian in Olivenöl anschwitzen, mit dem Mehl bestäuben und die Sahne aufgießen. 10 min. bei milder Hitze köcheln lassen und mit der fein gewürfelten Wildschweinssalami verfeinern. Mit Salz und Pfeffer würzen, in die gebackene Zwiebel füllen und servieren.

Frittata von jungem Blattspinat

Dieses Rezept scheint auf den ersten Blick nicht besonders aufregend zu sein – eben eine Art Resteverwertung wie es die spanischen Vettern mit ihrer Tortilla machen.
Doch die unverwechselbar „italienischen Gefühle" kommen mit Parmesan und Olivenöl auf den Teller. Eine aufregend wohlschmeckende Bestätigung der These, dass Öl und Käse auch – und manchmal vor allem – als Würze dienen.

6 Eier
50 ml Milch
200 g junger Blattspinat
1 kl. Gemüsezwiebel

1 Knoblauchzehe, fein gehackt
50 ml Olivenöl
40 g Parmesan
Salz, Pfeffer, Muskat

Die Eier mit Milch und Parmesan vermengen, mit Salz, Pfeffer und etwas Muskat würzen. Den Blattspinat waschen, gut abtropfen und mit heißem Wasser überbrühen, überschüssige Flüssigkeit ausdrücken und fein hacken. Die Gemüsezwiebel in feine Würfel schneiden, in der Pfanne mit Knoblauch in Olivenöl glasig dünsten, nun den Spinat zugeben und mit Salz, Pfeffer und Muskat abschmecken.
Schließlich die Eimasse zugeben und die Frittata bei niedriger Hitze in einer beschichteten Pfanne langsam stocken lassen.
Einen Teller mit der Servierseite auf die Pfanne legen und mit einer schnellen Drehbewegung von Pfanne und Teller das Omelette auf den Teller platzieren und heiß servieren.
Tipp: Man kann statt Spinat auch anderes Gemüse verwenden und das Omelette auch im Backofen stocken lassen.

Le Zuppe – ein (meist) heißes Thema

Italiens Küche ist auch deswegen so reich, weil es, dies ist wahrlich kein Paradoxon, im Lande immer schon sehr viele arme Leute gegeben hat. „Le Zuppe", das ist deshalb ein wichtiges, ein heißes Thema – und eines mit Überraschungen. Denn auf den ersten Blick würde man kaum vermuten, dass dicke Suppen und deftige Eintöpfe neben den elegant-leichten Brodi ein Charakteristikum zahlreicher regionaler Küchen im Lande des Stiefels sind.

Die Suppe, das Arme-Leute-Essen per se, wird hier mit den Gemüsen und Kräutern, den Gewürzen und Weinen der unzähligen Gärten des Landes angereichert, Fleisch und Fisch und Krustentiere kommen dazu und oft noch eine wundervolle Spezialität: Käse und Olivenöl!

Ich demonstriere mit nur vier verschiedenen klassischen Suppen die große Bandbreite, die hier entsteht. Wobei Sie einmal darauf achten dürfen, welch hochwertige Ingredienzien in die Töpfe der Palio-Küche wandern: Frisches Gemüse, das aus bäuerlicher Landwirtschaft stammt, nur ganz bestimmte Sorten von Bohnen, zum Beispiel, Wein, den Sie auch gern bei sich zu Hause genießen würden, frisch gehobelter Parmesan, bestes Olivenöl.

Und immer wieder Brodo.

Brodo heißt einfach Brühe, und das sollten Sie ruhig beim Namen nehmen.

Die allereinfachste Brühe erhalten Sie, wenn Sie Gemüse blanchieren (früher wurde im Norden auch das Kochwasser der Kartoffeln als Brodo verwendet). Manchmal kann diese Gemüse-Brühe so gut sein, dass es sowieso eine Schande wäre, sie in den Ausguss zu schütten.

Nun, richtig ernst wird es allerdings durch den Einsatz von Fleisch, und die Krönung gelingt auch hier, wenn verschiedene Fleischsorten, etwa Kalb, Rind und Huhn, zusammentreffen und von frischem Suppengemüse, wie Möhren, Sellerie, Zwiebeln, Petersilienwurzeln, Knoblauch und so weiter, sowie von frischen Kräutern und Gewürzen, etwa Petersilie, Lorbeer, schwarzem Pfeffer, aufgemuntert werden.

Wenn Sie Brodo vorbereiten (und einfrieren) wollen, genügt es manchmal durchaus, nur Fleisch und Wasser zu köcheln. Das ergibt einen zwar ungewürzten, aber soliden Grundstock, den Sie dann aktuell je nach Bedarf mit Suppengemüse, Kräutern und Gewürzen verfeinern können.

Brodo – So wird die Brühe gemacht:

Wichtig bei der ganzen Suppen-Angelegenheit ist eine gewisse Sorgfalt – und Geduld. Und so gehen Sie vor, um eine wirklich schöne Brodo in den Topf zu zaubern:

Je nachdem, ob Sie eine glasklare oder durch Karamellisieren gefärbte und aromatisierte Brühe erhalten wollen, starten Sie mit rohem, klein geschnittenen Fleisch (das Sie zuvor kurz abgespült haben) oder Sie braten es – am besten im Ofen – mit möglichst wenig Fett

(Olivenöl) sorgfältig an. Wie immer gilt: Die Fleischstücke in Ruhe lassen und erst umdrehen, wenn eine Seite gebräunt ist. Vom Fett gießen Sie das meiste weg.

Das Gemüse, das Sie nun in den Topf zum Fleisch geben (dem rohen oder angebratenen) sollte nicht zu fein geschnitten sein. Schwitzen Sie es gemeinsam mit dem Fleisch an und gießen dann mit kaltem Wasser auf.

Jetzt kommt die erste Prüfung Ihrer Geduld: Erhitzen Sie ganz sacht. Kurz vor dem Kochen wird Schaum aufsteigen – das nicht mehr ans Fleisch gebundene Eiweiß. Schöpfen Sie es sorgfältig ab;

Brodo – die Grundzutaten

- für 8 l – läßt sich sehr gut einfrieren -

Je 1 kg Fleisch von Huhn, Kalb, Rind, in Würfel geschnitten
2 Möhren
1 Petersilienwurzel
1/2 Knollensellerie
1 Stange Lauch
5 Schalotten
2 Knoblauchzehen – ungeschält
1 Kräuterstrauß: Petersilie, Thymian, Rosmarin, Lorbeerblatt – zusammengebunden
Pfeffer, grob gemahlen, Meersalz.

ebenso das Fett, das sich meist an den Rändern – absetzt. Dabei kann eine Suppenkelle äußerst hilfreich sein.

Ist Ihr Werk fast aufgekocht, stellen Sie das Feuer ab – und vergessen Sie den Topf für ein paar Stunden. Sie können ihn auch auf Eis oder ins kalte Wasser stellen und dadurch rascher abkühlen – vielleicht ein wenig zu aufwendig. Der Effekt aber ist prima: Fast alle Trübstoffe sinken zum Topfboden und bleiben dort haften – Ihre Brodo bleibt klar!

Nun wieder vorsichtig erwärmen, die Gewürze zugeben (sie wären zuvor beim Abschöpfen verloren gegangen) und bei etwa 80° Celsius ein paar Stunden im offenen Topf köcheln. Perfektionisten geben die Gewürze in ein kleines Mullsäckchen...

Sollte der Flüssigkeitsspiegel beim langen Köcheln zu sehr absinken, dürfen Sie mit kaltem Wasser nachgießen.

Zum Schluss, etwa fünf bis zehn Minuten vor dem Ende, geben Sie die frischen Kräuter in die Brühe. Alle Stängel und das Lorbeerblatt sollten Sie mit Küchengarn zusammenbinden.

Sie werden sich nicht nur an dem appetitlich einladenden Aroma erfreuen, das sich während der ein wenig langwierigen Prozedur in Ihrer Küche entwickelt hat.

Wenn Sie ein kleines Probetäschen mit Ihrem Brodo füllen und mit etwas Salz abschmecken, werden Sie wissen, warum dies der Königsweg zu wundervollem Brodo ist.

Pasta in brodo / Zuppa alla genovese

Dieses Gericht erinnert wieder einmal daran, dass so viele Köstlichkeiten aus den Küchen Italiens scheinbar direktemang aus „Mamas Kochtopf" zu uns zu kommen scheinen. Doch aufgepasst! Gerade hier ist die Qualität der verwendeten Materialien – also der Rinderbrühe, des Parmesans, des Olivenöls und so weiter – absolut entscheidend für Wohl oder Wehe im Suppenlöffel.

Die Brühe sollte also in der eigenen Küche liebevoll gebraut sein, der Käse frisch gerieben und von einem namhaften Hersteller, das Olivenöl ebenso. Allerdings darf sich hier ruhig Ihr individueller Geschmack, etwa mit seiner Vorliebe für sanftes (ligurisches) oder kräftiges (sizilianisches) Öl, durchsetzen.

1 l kräftige Rinderbrühe (s. vorige Seite)
300 g Rucolasalat
je 10 g Basilikum, Petersilie, Borretsch
1/2 Limone (Saft)
4 Eier
2 Schalotten
30 ml Olivenöl
Salz, Pfeffer, Muskat

Den Rucolasalat von seinen langen Stielen befreien, waschen, gut abtropfen lassen und mit den Schalotten und Kräutern fein schneiden (nicht hacken, sonst werden die Kräuter braun). In 10 ml Öl etwa eine Minute anschwitzen und dann abkühlen lassen.
Nun die verquirlten Eier und den frisch geriebenen Parmesan mit dem Grünzeug vermengen, mit Salz, Pfeffer und einer Spur Muskat würzen und mit dem restlichen Olivenöl in einer nicht zu großen Pfanne (am besten beschichtet!) bei milder Hitze langsam stocken lassen.

Dieses Omelett aus der Pfanne heben, mit Küchenkrepp entfetten und in feine Rauten schneiden.
In der sehr heißen Rinderbrühe servieren.
Tipp: Statt der Omelettstreifen dürfen es auch (wie auf unserem Foto) Ravioli, Agnolotti oder eine andere Pasta als Einlage in die Suppe schaffen.
Immer aber sollte frisch geriebener Parmesan (der auf unserem Foto aus technischen Grünen fehlt) als authentisches Gewürz mit dabei sein!

Unsere Ribollita (die „Aufgewärmte") Toskanische Kohlsuppe mit Bohnen

Dies ist quasi Italien, genauer: die Toskana, in einer Suppenschüssel. Ganz anders, als sich die sonnenhungrigen Touristen dies vorstellen mögen, wird es in dem von vielen Gebirgen durchzogenen Lande des Stiefels oft genug ganz schön kalt. Da tut solch eine deftige Suppe gut – aber sie schmeckt auch im Sommer. Typisch für fast alle Länder des Mittelmeerraumes.

1,5 l Rinderbrühe
150 g Pancetta
100 g Borlottibohnen (12 Std. einweichen und ohne Salz 1,5 Std. weichkochen)
100 g Canellinibohnen
1 Wirsingkopf
100 ml Olivenöl
1 Stange Staudensellerie
150 g Möhren
1 EL Thymian
1 Zwiebel
2 Knoblauchzehen
1 rote Peperoni
1 Bund Lauchzwiebeln
12 Weißbrotscheiben

Die Weißbrotscheiben im Ofen goldgelb rösten. Pancetta, Zwiebeln, Knoblauch, Peperoni in ganz feine Würfel schneiden und in Olivenöl andünsten.

Das restliche Gemüse in feine ca. 1 cm große Rauten schneiden und dazugeben.

Mit heißer Rinderbrühe aufgießen und ca. 20 Minuten offen kochen lassen. Die weichgekochten Bohnen dazugeben und nochmals 20 Minuten kochen. Mit Thymian, Salz und Pfeffer abschmecken.

In eine gut vorgewärmte Suppenterrine oder einen Topf vier Brotscheiben legen und etwas Brühe darauf füllen. Das Ganze dreimal wiederholen, bis alle Flüssigkeit aufgebraucht ist. So wird die Suppe gebunden und mit Olivenöl und Parmesan vollendet.

Zu Hause können Sie die Ribollita (die Aufgewärmte) ruhig einmal über Nacht stehen lassen. Nun hat das Brot fast alle Flüssigkeit aufgesogen. Am besten erwärmen Sie das Ganze in der Mikrowelle, portionieren es in heiße Teller und geben erst am Tisch ein möglichst würziges Olivenöl und, wenn Sie mögen (Sie werden es mögen!) frisch gehobelten Parmesan darüber.

Weit mehr als „Kochwasser„ – Aquacotta Toskanische Tomaten-Pilzsuppe

Aquacotta heißt nichts anderes als „gekochtes Wasser". Das trifft ja auch irgendwie zu, doch ergänzen eine ganze Reihe von festen und flüssigen Zutaten dieses gekochte Wasser und machen es zu einem fast schon festlichen Gericht.

Für die Suppe:
10 sonnengereifte Fleischtomaten
750 ml Rinderbrühe
1 Staudensellerie
100 g Möhren
250 g Steinchampignons
50 ml Olivenöl
1 Zwiebel
1 Knoblauchzehe
1 EL Thymianblätter
Salz, Pfeffer

Für die Crostini:
12 Scheiben Ciabattabrot
80 g Parmesan Reggiano

Die Tomaten gegenüber dem Stilansatz kreuzförmig einritzen, in kochendem Wasser ganz kurz brühen, kalt abschrecken und danach die Haut abziehen.

Nun die Tomaten vierteln, von Kernen und störenden „Innereien" befreien.

Das Tomatenfleisch, die Zwiebeln, die leicht angedrückte Knoblauchzehe, die klein geschnittenen Möhren und die ebenfalls zerkleinerte Staudensellerie-Stange in 30 ml Olivenöl leicht anschwitzen und mit Rinderbrühe aufgießen. 30 Minuten weich köcheln und fein pürieren.

Danach die Steinchampignons in recht feine Scheiben schneiden und kurz mit dem restlichen Olivenöl anschwitzen, notfalls auf Küchenkrepp entfetten und zur Suppe geben.

Diese würzige Acquacotta mit Thymianblättern, Salz und Pfeffer abschmecken.

Die Chiabattascheiben mit gehobeltem Parmesan belegen und fünf Minuten im Ofen bei 180°C backen.

Je drei der Chiabattabrote in einen Teller legen, mit der Acquacotta aufgießen und mit Thymian verfeinern.

Der Klassiker – „Der" Minestrone

Die Alleskönnerin unter den italienischen Suppen ist die vielleicht bekannteste Vertreterin ihres Genres. Im Palio setzen wir auf erstklassige, gartenfrische Gemüse, eine gute Fleischbrühe und sehr sorgsame Zubereitung. Der Minestrone (diese Suppe ist in Italien männlich – was für ihre Kraft spricht!) ist optimal, wenn die Gemüse noch ein wenig Biss haben!

Die Zubereitung dieser herrlichen Suppe ist in praktisch jeder Region unterschiedlich. In ihrer Urform wurde (und wird) diese „große minestra" ohne Fleischbrühe gekocht; wir tun dies trotzdem, denn bei aller Liebe zur authentischen Cucina: Es schmeckt uns in dieser leicht eingedeutschten Form einfach besser!

Alternativen: Sie können gern einmal Reis oder Weissbrotscheiben statt der Kartoffeln und an Stelle der Bohnen Linsen und Weißkohl probieren.

1 l Fleischbrühe
10 g Lauchzwiebeln
100 g Sellerie
100 g Möhren
1 kl. Schalotte
80 ml Olivenöl
100 g Kartoffeln
3 abgezogene Fleischtomaten
50g Pancetta
2 gepresste Knoblauchzehen
1 Zweig Thymian
100 g Wirsing
100 g Weißkohl
Salz, Pfeffer

Den fein gewürfelten Pancetta in Olivenöl kross anbraten, Schalotten in feinen Würfeln, Knoblauch und Peperoni in Ringen dazugeben. Das restliche Gemüse in ca. 1,5 cm kleine Rautenblätter schneiden und in den Topf geben. Mit Tomatenwürfeln und heißer Rinderbrühe auffüllen und ca. 15 Minuten nicht ganz weich kochen.

Mit Thymian, Salz und Pfeffer ergänzen und mit Parmesan Reggiano und hausgemachtem Pesto servieren.

Je nach Vorliebe eignet sich für die Minestrone sogar Pasta oder Fisch als Einlage.

Pasta: Besser fresca oder lieber secca???

Beim „Italiener um die Ecke" gibt es ein todsicheres Rezept, die Augen der lieben (teutonischen) Gäste strahlen zu lassen: Giovanni verkündet, dass la Mamma heute frische Nudeln geknetet habe: Pasta fresca! Ach, wie viel besser sind sie doch, diese verführerisch weichen Tortellini, die sanften Ravioli, trüffelduftenden Agnolotti! Besser als was? Als „Nudeln aus der Tüte"? Pasta secca, wie die Italiener sagen, also Spaghetti oder Maccheroni, oder Penne, Pipe, Zite, Fusilli, Lumache, Orecchiette und Farfalle und, und, und...

Die Frage stellen, heißt ein in Deutschland auch unter Feinschmeckern (noch) populäres Missverständnis zu formulieren. „Mamma", die gerade eben mit Geduld und Kraft und ausdauernder Liebe ihren Pastateig aus Ei und Mehl geknetet hat, würde milde lächeln: „Diese lieben Deutschen! Anders sind sie, die pasta secca, unterschiedlich. Und: Unersetzlich!"
Denn wirklich viele Dutzende, wahrscheinlich eher Hunderte von Pasta-Gerichten verlangen nach Pasta secca und nach nichts anderem!
Sie rufen nach dem unvergleichlichen „al dente", wie es die besten der Hartweizennudeln, die so scheinbar einfach „nur" aus Wasser und dem Gries des Grano Duro hergestellt werden, fast schon spielerisch mitbringen.
Vielleicht gründet das erwähnte Missverständnis in den leidvollen Kindheitserfahrungen unserer Gourmets. Wir denken da an Tütennudeln, aus dem weit billigeren Weizen hergestellt, mit Eipulver „angereichert" – und unvergeßlich pappig gekocht. Also: Deutsche Küchentradition zum Abhaken.
Fazit: Obwohl in der Küche des Palio die Nudelmaschine eifrigst läuft, kommen immer auch Pasta secca auf den Tisch. Zum Beispiel die köstlichen Spaghetti all' aglio, olio e peperoncini. Oder der absolute Klassiker: Penne all' amatriciana.

Und so machen Sie Pasta selbst

Doch während Sie Pasta secca einfach kaufen können, wird es bei der Herstellung der frischen Pasta ein wenig aufwändiger. Deshalb hier ein paar Tipps aus der Palio-Küche.
Sie brauchen: Eine Nudelmaschine (hält ein Leben lang!). Mehl der Klasse 405 oder besser 550 und etwas Weizengrieß. Dazu Eier und etwas Salz. Basta! (Es gibt auch Rezepte, die nach Olivenöl verlangen – das brauchen Sie nicht).
Sie sieben das mit Salz und Grieß vermischte Mehl (Mengenangabe Seite 50) auf die Arbeitsfläche, formen einen kleinen "Vulkan" mit einer Mulde (der "fontana di farina"), geben die Eier hinein und vermischen alles miteinander, bis ein mäßig weicher Teig entsteht. Diesen Teig – das ist ganz wichtig – werden Sie nun so lange kneten, bis er elastisch wird und nicht mehr an den Fingern klebt.
Das geht so: Sie formen eine Teigkugel, drü-

cken sie flach und klappen sie zusammen. Dann drehen Sie das Ganze (ein wenig im Uhrzeigersinn) und wiederholen den Vorgang gut zehn Minuten lang. Wenn der Teig zu spröde ist, geben Sie ein wenig Wasser auf die Hände und kneten es ein.

Nun ruht der Teig ein, etwa zwei Stunden, eingewickelt in Folie oder einem feuchten Tuch.

Während dieser Ruhezeit wird der zunächst vielleicht etwas feste Teig etwas weicher.

Sie teilen ihn nun in zwei oder drei Teile auf, drücken ihn flach (ca. 1 cm dick) und geben ihn durch die weiteste Einstellung der Maschine. Danach schalten sie eine Stufe enger, geben den Teig durch, wieder eine Stufe – und so weiter bis zur engsten Stellung der Walzen.

Der Teig ist nun leider noch lange nicht fertig. Denn Sie wiederholen den ganzen Vorgang noch zwei, drei Mal, falten dann den Teig mehrfach, bis er genauso breit wie die Öffnung der Maschine ist und rollen ihn nun in Querrichtung aus.

Nach ein, zwei Durchgängen wird der Teig sein Aussehen deutlich verändert haben: Er ist nun glänzend, fast durchscheinend und kann nun direkt weiter verarbeitet werden.

Sollte der Teig auf die Weiterverarbeitung warten müssen, sollten Sie ihn mit einem feuchten Tuch abdecken – so kann er nicht austrocknen und spröde werden.

Pasta - con salsa!

Man kann Pasta auch ohne Soße essen; die ersten Nudel-Bilder aus Neapel zeigen arme Kinder, die sich die aus dem Topf genommenen Spaghetti direkt ins hungrige Mäulchen stopfen.

Auch einfach mit brauner Butter und gehobeltem Parmesan, vielleicht noch mit ein bißerl frischem Salbei kann Pasta vortrefflich munden.

Doch so wirklich lustvoll wird's erst mit einer Soße. Und da öffnet sich ein ganzer Kosmos voller glänzender Möglichkeiten.

Das Schöne: Auch scheinbar äußerst einfache Soßen entwickeln sich unter der Hand der Könnerin (Italiens Frauen stehen – noch – mit Leidenschaft am Herd) oder eines begnadeten Teutonen, wie es Helmut Griebl im Palio ist, zu wahren Meisterwerken.

Wie das geht? Eigentlich einfach: Mit Liebe und Geduld, con amore e pazienza.

Auf den folgenden Seiten finden Sie einige Rezepturen aus dem Palio.

Dieses sind die wichtigsten Saucen

Salsa verde
100 g Basilikumblätter
50 g Petersilie
2 Knoblauchzehen
1 Lauchzwiebel
1 grüne, geschälte Paprika
1 grüne Peperoni
1 gr. fleischige, abgezogene Tomate
1 EL in Essig eingelegte und abgetropfte Kapern
80 ml Olivenöl
3 Sardellenfilets
20 ml Weinessig
Salz & Pfeffer aus der Mühle

Kräuter und Gemüse mit dem Olivenöl im Mixer fein pürieren oder im Mörser zerstampfen, mit Salz und Essig abschmecken. Die Sauce kalt oder warm servieren.

Salsa rossa
12 Eiertomaten, sonnengereift
3 Stängel Frühlingslauch
1/4 Staudensellerie
2 Knoblauchzehen
1 rote Peperoni
10 Kapern
3 Sardellenfilets
1 Tl Salbeiblätter, gehackt
1 Tl Thymian, gehackt
1 Tl Petersilie, gehackt
4 EL Olivenöl
Salz & Pfeffer aus der Mühle

Die Eiertomaten für 3 Sekunden in kochendes Wasser legen, mit kaltem Wasser abschrecken, so läßt sich die Haut leicht abziehen. Tomaten zerteilen, Kerne entfernen, mit klein geschnittenem Staudensellerie, Knoblauch und Peperoni in Olivenöl anschwitzen, etwas Wasser aufgießen und weich dünsten. Sardellen, Kapern und die Kräuter dazugeben und alles fein pürieren. Mit Salz und Pfeffer abschmecken.

Olivenpüree-Sauce
100 g Oliven
50 ml Olivenöl
1 El Balsamicoessig
Salz & Pfeffer aus der Mühle

Oliven in Stücke schneiden, dann im Mörser fein zerdrücken, nach und nach das Olivenöl dazugeben. Olivenölmasse mit Balsamicoessig, Salz und Pfeffer aus der Mühle abschmecken.

Balsamico-Olivenöl-Marinade
30 ml Balsamicoessig
50 ml Olivenöl
50 ml Hühner- oder Gemüsebrühe
1 Tl Senf
Zucker, Salz & Pfeffer aus der Mühle

Balsamicoessig und Senf in eine Schüssel geben. Das Olivenöl nach und nach unter ständigem kräftigem Rühren dazugeben, damit sich Essig und Öl verbinden. Erst dann die Brühe einrühren und mit Zucker, Salz und Pfeffer abschmecken

Vitello tonnato Sauce

1 kl. Dose Thunfisch
2 Eigelb
200 ml Olivenöl
2 El Kapern
2 Sardellenfilets
1/4 Zitrone (Saft)
2 El Kalbsbrühe
Salz & Pfeffer aus der Mühle

Eigelbe und Olivenöl mit dem Stabmixer zu einer festen Mayonnaise schlagen. Thunfisch abtropfen lassen, mit Sardellenfilets und Kapern fein pürieren, mit Zitrone, Kalbsfond, Salz und Pfeffer abschmecken.

Honigsauce

120 g Waldhonig
60 g Walnusskerne
20 g Pinienkerne
1 El Senf

Walnüsse und Pinienkerne goldgelb rösten, im Mörser fein zerreiben und nach und nach den Honig dazugeben, mit dem Senf verrühren.

Fonduta Käsesauce

100 g Fontina-Käse
100 g Gorgonzola
100 g Taleggio
100 g Parmesan Reggiano (alles grob zerkleinert)
150 ml Sahne
150 ml Milch

Die Käsesorten in eine wärmeleitende Metallschüssel geben, unter ständigem Rühren über einem Wasserbad erhitzen, Milch und Sahne dazugeben und zu einer cremigen Sauce verarbeiten.

Bechamel Sauce

80 g Zwiebeln
100 g Butter
80 g Mehl
1,3 l Milch oder Sahne
Salz & Pfeffer aus der Mühle

Zwiebeln sehr fein gewürfelt in Butter anschwitzen und mit dem Mehl bestäuben. Unter ständigem Rühren das Mehl schwitzen lassen ohne Farbe zu nehmen. Die Milch auffüllen und bei mittlerer Hitze köcheln lassen. Mit Salz und Pfeffer abschmecken, aufmixen und durch ein feines Sieb passieren.

Basilikumpesto

150 g Basilikumblätter
130 ml Olivenöl, kaltgepresst
2 Knoblauchzehen
130 g Parmesan Reggiano, frisch gerieben
30 g Pinienkerne, geröstet
Salz (am besten Meersalz)

Zubereitung im Mörser

Basilikumblätter, Knoblauchzehen und Salz mit Olivenöl zu einer feinen Creme zerreiben, Parmesan einstreuen bis eine cremige Konsistenz entsteht, dann Pinienkerne dazugeben, zur Paste reiben.

Zubereitung mit Mixstab

Basilikumblätter, Knoblauchzehen, Olivenöl, Pinienkerne und Salz in hohem Gefäß (z.B. Meßbecher) mit dem Mixstab fein pürieren, Parmesan Reggiano dazugeben und zu cremiger Konsistenz verarbeiten.

TIPP: Wenn Sie Pesto in ein Schraubglas füllen und mit Öl bedecken, bleibt es längere Zeit im Kühlschrank haltbar.

Salsa all' aglio, olio e peperoncino

1/4 l kräftiges Olivenöl
10 Knoblauchzehen
1 kl. rote Pfefferschote, entkernt

Diese Sauce wird ganz frisch zubereitet und sofort mit der Pasta, am besten Spaghettini, vermischt!

Die Pfefferschote in möglichst kleine Stücke geschnitten im Mörser (Küchenmaschine) zerstoßen. Die in kleine Stücke geschnittenen Knoblauchzehen in einer Pfanne mit dem Olivenöl ca. 5 Minuten vorsichtig erhitzen. Der Knoblauch sollte nur ganz leicht Farbe annehmen. Beides vermischen.

Wenn die Pasta fertig ist, eine Kelle des Pastawassers in die Mischung gießen, einrühren und sofort mit der sehr heißen Pasta servieren.

Kleine Sprachkunde für Pastafans:
all' amatriciana:
mit Peperoni, Knoblauch und Speck
all' arrabbiata:
mit Peperoni und scharfem Pfeffer
alla ligure:
mit Zucchini, Paprika und Aubergine
alla puttanesca:
mit Knoblauch, Peperoni, Oliven und Kapern
alla pizzaiola
mit Tomatensauce

Salsa di pomodoro, Tomatensauce

1 kg Eiertomaten, sonnengereift
150 g Möhren
100 g Zwiebeln
5 Knoblauchzehen
100 ml Olivenöl
150 g Tomatenmark
1 l Kalbsfond oder Hühnerbrühe
20 g Basilikumblätter
10 g Thymian
10 g Oregano
10 g Petersilie
1 Peperoni, grün
1 Peperoni, rot
Zucker, Salz & Pfeffer

Die Tomaten für etwa drei Sekunden in kochendes Wasser legen, dann sofort im Sieb mit kaltem Wasser abschrecken – so lässt sich die Haut leicht abziehen. Die Tomaten dann in ca. 1 cm große Stücke schneiden.

Zwiebeln und Möhren schälen, klein schneiden und in Olivenöl bei mittlerer Hitze anschwitzen. Das Tomatenmark zugeben und eine Minute bei niedriger Temperatur leicht anrösten. Schließlich Tomaten, Knoblauch Peperoni und den Kalbsfond (oder Hühnerbrühe) hinzufügen und ca. 30 Minuten köcheln lassen.

Diese Tomatensauce fein pürieren, sorgfältig durch ein Sieb streichen und mit den feingeschnittenen Kräutern, Salz, Pfeffer und Zucker abschmecken. In Gläser mit Schraubverschluss gefüllt und mit ein wenig Olivenöl bedeckt kann sie einige Tage oder Wochen im Kühlschrank aufbewahrt werden.

Spaghetti all' aglio, olio e peperoncini

Dieses scheinbar so einfache Rezept hat zwar keine Tücken – aber es bietet zahlreiche Möglichkeiten, aus einer einfach und ganz gut schmeckenden Sache wahre Hochgenüsse zu zaubern.

Fangen wir bei der Wahl der Pasta an. Prinzipiell haben Sie die Wahl (wenn Sie die Nudeln kaufen) zwischen industriell und handwerklich gefertigter Ware. Bei der industriell gefertigten gibt es einmal die moderne, mit Teflon- oder Edelstahl-Düsen hergestellte, äußerlich sehr glatte Ware (z.B. Barilla). Oder die durch alte Bronzedüsen gepresste eher rauhe Nudel (z.B. De Cecco). Handwerklich hergestellte Nudeln werden Sie eher in Italien als hierzulande finden.

Geschmacksache ist dann die Feinheit der Nudeln. Wir würden bei diesem Rezept zu Nudeln zwischen 3 und 6 Minuten Kochzeit raten.

Zweiter Schritt zur Spitzenqualität: Das Olivenöl. Natürlich natives, kalt gepresstes Öl (vertrauen Sie mehr auf Ihren Geschmack als dem Etikett – Papier ist hier leider, leider ganz besonders „geduldig"...).

Kaufen Sie möglichst frischen Knoblauch (auf gar keinen Fall chinesischen, der wird im großen Stil geschmuggelt und zum Teil höchst problematisch behandelt).

Und achten Sie bei der Pfefferschote ebenfalls auf die Frische – und sehr sorgfältiges Entfernen der Kerne!

500 g Spaghetti
1/4 l kräftiges Olivenöl
10 Knoblauchzehen
3 kl. rote Pfefferschote, entkernt
1 Kelle Pastawasser

Die Pfefferschote entkernen und in möglichst kleine Stücke geschnitten im Mörser (oder Küchenmaschine) zerstoßen und mit den ausgepellten und in kleine Stücke geschnittenen Knoblauchzehen in einer Pfanne mit dem Olivenöl ca. 5 Minuten vorsichtig erhitzen.

Der Knoblauch sollte nur ganz leicht Farbe annehmen.

Wenn die Pasta fertig ist, eine Kelle des Pastawassers in die Mischung gießen, einrühren und sofort mit der sehr heißen Pasta servieren.

Penne all'amatriciana

Diese Kombination von Pasta, Tomate und Speck scheint einem uralten bäuerlichen Rezeptbuch entsprungen. Etwas für einen kalten Winterabend nach harter Arbeit auf dem Feld. Doch Überraschung: Sowohl Pasta als auch der „Goldene Apfel", der pomodoro, sind relativ neu im Lande der Zitronen. Es spricht also eher für die kreative Anpassungsfähigkeit der Italiener, diese beiden Produkte innerhalb von knapp zwei Jahrhunderten zu Pfeilern ihrer kulinarischen Tradition gemacht zu haben. Was allerdings nicht weiter verwundert, wenn man diese Penne all'amatriciana auf dem Teller hat.
Wichtig: wirklich authentisch wird das Ganze mit Pancetta, dem italienischen fetten Bauchspeck und absolut reifen Tomaten.

500 g Penne
800 g sonnengereifte Tomaten
200 g Pancetta, in Würfeln
4 Schalotten, fein geschnitten
100 ml Olivenöl

30 g Basilikum, in feinen Streifen
1 Knoblauchzehe, fein geschnitten
1/2 Peperoni, in kleinen Würfelchen
Salz, Pfeffer

Die Tomaten am Stielansatz kreuzweise einritzen, mit kochendem Wasser überbrühen, kalt abschrecken und enthäuten. Die entkernten Tomaten in ca. 1 cm große Würfel schneiden. Den Speck in etwas Olivenöl kross anbraten, dann Schalotten, Knoblauch und Peperoni zugeben und zwei Minuten dünsten.

Nun die Tomatenwürfel zugeben und so lange garen, bis die Sauce eine sämige Konsistenz hat.
Die in gut gesalzenem Wasser gekochten Penne abgießen, durch die Sauce schwenken und sofort servieren.

Ravioli „Palio" - unser Liebling

Dies ist, der Name sagt eigentlich alles, ein Lieblingsrezept des Palio-Kochs (und seiner Gäste!). Wie bei allen gefüllten Nudeln ist es außerordentlich wichtig, den Teig so dünn – aber auch so elastisch wie möglich auszurollen. Wie das geht, steht auf den Seiten 36 und 50. Rollen Sie den Teig ruhig noch einmal und noch einmal aus, auch wenn Sie bereits geglaubt haben, es sei nun genug!
Statt des Kalbfleisches können Sie getrost auch Wild oder Geflügelfleisch verwenden. Achten Sie aber darauf, die Füllung gut abzuschmecken (dem Gefühl nach fast schon ein wenig überwürzt!); denn die Nudelhülle nimmt immer etwas vom Geschmack der Füllung weg.

DIE FÜLLUNG:
300 g Kalbfleisch
150 ml Sahne
100 g Spinat, blanchiert und gehackt
70 g Parmesan, frisch gerieben
40 g Petersilie, fein gezupft
Salz, Pfeffer

ZUM SCHWENKEN:
150 g Butter
20 Salbeiblätter, gezupft
150 g Parmesan, frisch gerieben

300 g Nudelteig (S. 50)

Das Kalbfleisch in kleine Würfel schneiden, mit Sahne und Ei vermengen und 15 Minuten ins Tiefkühlfach stellen. Dann in einer Moulinette (o.Ä.) pürieren, mit Spinat, Parmesan und Petersilie vermengen und kräftig abschmecken.
Zwei lange Nudelblätter ausrollen; etwa 5 cm breit. Auf einem Nudelblatt im Abstand von 5 cm mit einem Löffel kleine Häufchen der Füllung auftragen, die zweite Platte darüber legen und beide Platten mit den Händen rund um die Füllungen gut zusammendrücken.
Nun die Ravioli mit einem Teigrad oder Messer ausschneiden und sofort in Salzwasser (etwa 5 Minuten) kochen.
Die fertigen abgetropften Ravioli in Butter und Salbeiblättern schwenken und mit frisch geriebenem Parmesan bestreuen.

Pansotti mit Ochsenschwanzfüllung

Pansotti, diese dreiecksförmigen gefüllten Teigtaschen, sind so typisch für Ligurien wie der Zusammenklang von Küste und Meer und Gebirge. Das Palio stellt hier die sehr herzhafte Variante mit einer Ochsenschwanzfüllung vor; sehr beliebt ist es auch, die Pansotti mit einer Walnussfüllung zu kochen.

Sehr, sehr wichtig für den Geschmack ist es, den Teig wirklich sehr dünn auszuwalzen. Lesen Sie ruhig noch einmal den Text über Nudelteig auf den Seiten 36 und 50. Und lassen Sie sich beim Ausrollen viel Zeit. Noch etwas: Die Füllung sollte gut abgekühlt auf die Nudeln kommen – so weichen sie nicht zu schnell durch.

Sie merken: Dieses Rezept ist eine Art edelster Resteverwertung. Schauen Sie auf Seite 84.

300 g Nudelteig (S. 50)
300 g geschmorter Ochsenschwanz
(Rezept S. 84)
Ein wenig von seiner Schmorsauce
(für die Füllung)
und die Schmorsauce als Pasta-Sauce
1 Zweig Rosmarin, die Nadeln
20 ml (ligurisches) Olivenöl

Den leicht abgekühlten Ochsenschwanz aus der Schmorsauce nehmen und mit den Fingern das Fleisch fein abzupfen. Darauf achten, die kreisrunden, harten „Bandscheiben" nicht zu verwenden. Das Fleisch mit einer Spur Schmorsauce tränken und (wirklich sehr kräftig!) abschmecken.

Den hauchdünn ausgerollten Nudelteig in etwa 5 cm große Quadrate schneiden, ein wenig Ochsenschwanz-Füllung in die Mitte geben (als kleines Häufchen). Nun die rechte obere Ecke auf die linke untere Ecke legen – so entsteht das Pansotti-Dreieck. Den Teig fest zusammendrücken!

Die Pansotti sofort nach der Füllung in kochendem Salzwasser gut 5 Minuten garen, kurz abtropfen lassen, mit Olivenöl und den Rosmarin-Nadeln in einer Pfanne flott durchschwenken und dann mit der gut abgeschmeckten Schmorsauce servieren.

Agnolotti mit Fonduta-Sauce

Teutonische Eierfabrikanten würden bei diesem Rezept vermutlich erbleichen: 10 Eigelb auf 300 Gramm Mehl – undenkbar im Lande des Trocken-Eies! Doch gerade dieser Eier-Reichtum ist es, der unsere Agnolotti (woher dieser Name kommt, ist übrigens nicht ganz klar!) aus den Tiefen der Nudel-Banalität in die Höhen der einfachen aber großen Küche befördert. Der fürstliche Genuss wird durch die fast schon überreiche Käsesauce noch einmal gesteigert.
Vorsicht: keine zu großen Portionen!

Für den Teig:
300 g Mehl (mögl. Typ 550)
10 Eigelb
1 Handvoll Spinat, überbrüht, sehr gut ausgedrückt und feinst geschnitten
1 Msp. Salz

Für die Füllung:
150 g Parmesan, fein gerieben
3 Eier
50 ml Sahne

Fonduta-Sauce (S. 39)

Das Mehl in eine Schüssel geben, eine Mulde formen und darin die leicht verquirlten Eigelbe und den Spinat geben. Von innen her zuerst mit dem Mehl vermischen, dann ausdauernd (15 Minuten.) kneten (s. S. 36).

Nachdem der Teig mindestens eine halbe Stunde gut zugedeckt geruht hat, wird er so dünn wie irgend möglich 6 - 8 cm breit ausgerollt.

Die Zutaten der Füllung werden vermischt und mit einem kleinen Löffel (oder der Spritztüte) in Abständen von ca. 3 cm links von der Mittellinie auf den Teig gesetzt. Dann wird die andere Teighälfte vorsichtig darüber geschlagen und mit den Fingern rund um die Häufchen fest angedrückt.

Nun können die Agnolotti, kleine Teigquadrate, ausgeschnitten und sofort in reichlich kochendem Salzwasser etwa 4 Minuten gekocht werden.

Das Rezept der Sauce finden Sie auf S. 39.

Pici mit Wildschweinsugo

Das Wildschwein (Cinghiale) ist ein häufig anzutreffender Bewohner der waldreichen Gebiete der Toskana und einer der beliebtesten Lieferanten für kräftige Kost. Die kleinen, dicken Pici sind der ideale Begleiter für das deftige Fleisch und sein tiefgründiges Sugo.
Ein Tipp: Lassen Sie den Rotwein einmal für sich aufkochen, bevor Sie ihn zum Fleisch geben. Das macht es zarter.

500 g Picinudeln
1 kg Wildschweinkeule
2 Lorbeerblätter
1 TL Wacholderbeeren
1 Zweig Rosmarin
1 Zweig Thymian
1 Knoblauchzehe
1 Peperoni
2 Möhren
2 Gemüsezwiebeln
1 Knollensellerie
50 ml Olivenöl
1 l Rinderbrühe
1 l Rotwein
Salz und Pfeffer

Die Wildschweinkeule mit Salz und Pfeffer würzen und in einem Bräter in Olivenöl von allen Seiten langsam bei mäßiger Temperatur anbraten.
Das Wurzelgemüse in walnussgroße Stücke schneiden, zugeben und mitrösten. Wenn das Gemüse Farbe genommen hat, die Knoblauchzehe, Wacholderbeeren, Lorbeerblätter und Peperoni zugeben, mit Rotwein und Rinderbrühe ablöschen und zugedeckt ca. 1,5 Stunden im Backofen bei 180°C garen.

Nun den Braten aus dem Ofen nehmen, zehn Minuten ruhen lassen. Danach das Fleisch vom Soßen-Schmoransatz trennen, das Gemüse mit dem Fond durch die Flotte Lotte geben oder mit dem Mixstab pürieren.
Die Wildschweinskeule in kleine Stücke zupfen, wieder in die Sauce geben und das Sugo mit Salz und Pfeffer abschmecken.
Die Pici in reichlich Salzwasser abkochen, abgießen und mit dem Wildschweinsugo heiß servieren.

Gnocchi alla piemontese, Haselnussbutter und mostarda von Aprikosen

Piemont – das sind nicht nur Barolo und Trüffel und Berge, Haselnüsse und sogar Reis (in den Ebenen des Vercellese und des Novarese finden sich die ausgedehntesten Reisbaufelder Italiens). Piemont ist auch Heimat einer Küche, die Kartoffeln verwendet.
Statt einfach Pellkartoffeln (die mehligste Sorte, die Sie kaufen können!) zu nehmen, können Sie die Erdäpfel auch gut eine Stunde im 180° heißen Ofen backen.
Vorsicht: Die Masse nicht kneten, sondern rasch mit Hilfe zweier Spatel oder Messer durchmischen!

FÜR DIE GNOCCHI:
1 kg Pellkartoffeln (mehlige Sorte)
300 g Mehl
1 Ei
Salz, Pfeffer, Muskat

FÜR DIE SAUCE:
250 g Aprikosen
50 ml Weißwein
50 g Zucker
50 g Haselnüsse, geschält, gehackt
10 g Salbei, (od. Thymian) geschnitten
10 ml Olivenöl
40 g Senf

Zunächst die Aprikosen halbieren und entkernen. In einem Topf Senf, Wein und Zucker aufkochen, die Früchte dazu geben, einmal aufkochen und pürieren – dies ist unser „mostarda".
Die rasch abgepellten Kartoffeln noch warm durch eine Kartoffelpresse drücken, Mehl, Ei, Salz, Pfeffer und etwas Muskat dazu geben und rasch vermengen (ineinander hacken).
Den Teig in Rollen mit einem Durchmesser von 1 cm formen und dann in etwa 1 cm lange Stücke teilen. Diese über eine Gabel abrollen, so daß die charakteristischen Riefen entstehen. In viel gesalzenem Wasser kochen – wenn die Gnocchi oben schwimmen, mit einem Schaumlöffel aus dem Wasser holen und auf Küchenkrepp abtrocknen.
Während die Gnocchi garen in einer Pfanne in Butter und Olivenöl die Nüsse mit Salbei aufschäumen lassen und die fertigen Gnocchi in diese Haselnussbutter geben. Mit dem mostarda servieren.

Risotto: die Große Oper in fünf Akten

In der Küche des Palio spielt Risotto eine große Rolle. Dieses einfache Gericht verzaubert durch seine erstaunliche Vielseitigkeit: Sie können von einer Grundzubereitung ausgehend den Reis mit Pilzen oder Meeresfrüchten, mit säuerlichen Tönen von Tomaten oder Zitrusfrüchten aber auch ganz einfach nur mit Olivenöl oder Butter und Parmesan auf den Tisch bringen – und Sie werden stets Erfolge feiern. Damit Ihnen das gelingt, finden Sie hier eine Anleitung, die Sie in fünf Akten so an die Große Oper Risotto führen wird, dass bereits die Premiere stehenden Applaus bekommen sollte (die Mengenangaben gibt es zu dem Rezept auf der nächsten Seite).

Die Ouvertüre:

Sie stellen den Reis, einen Topf mit heißer Brühe (ungesalzene Hühnerbrühe zum Beispiel), fein geschnittene Schalotten, ein gutes Glas frischen Weißwein, Olivenöl oder ein wenig kalte Butterwürfel und geriebenen Parmesan bereit. Dazu den Geschmacksträger, also etwa Steinpilze oder Spargel oder Stückchen von Lachs und so weiter.

Der erste Akt:

Sie schwitzen Schalotten (oder Zwiebeln, manchmal auch etwas Knoblauch) in Olivenöl glasig an.

Der zweite Akt:

Sie geben den Reis in den Topf, rühren gut um und lassen ihn eine Minute bei niedriger Temperatur nur ganz leicht rösten. Nun ändert sich bereits das Aussehen der Körner: Sie werden etwas durchscheinend. Jetzt kommt der erste „Schluck" des Weines in den Topf. Er muss – bei größerer Hitze – vollständig verdampfen! (Danach können Sie „kochfeste" Bestandteile, wie getrocknete und aufgeweichte Pilze, Fleisch oder Wurststückchen dazu geben. Grundsätzlich gilt: Je zarter, desto später zum Reis!)

Der dritte Akt:

Die Brühe und der Wein werden abwechselnd in kleinen Mengen – halbe Tasse für halbe Tasse – mit der Kelle zu dem Reis gegeben. Erst wenn jeder „Schluck" wirklich aufgenommen wurde, darf der nächste in den Topf. Dabei rühren Sie immer wieder vorsichtig (am besten mit einem Holzlöffel um). Vorsicht, nichts am Topfboden ansetzen lassen!

Der vierte Akt:

Wenn der Reis fast gar ist (Sie können eine winzige Menge auf einen kleinen Teller geben und probieren), geben Sie Ihre Zutaten (die zarte Variante) zum Reis, rühren wieder vorsichtig um und füllen so lange Brühe nach, bis der Reis die nötige Konsistenz erreicht hat. Er sollte weich sein, aber noch ein wenig Biss haben.

Der fünfte Akt – das Finale:

Nun nehmen Sie den Topf vom Herd, lassen ihn ein, zwei Minuten abkühlen und rühren Olivenöl oder Butter und oft auch Käse unter.
So heiß wie möglich und so cremig wie Sie wollen, soll Ihr Opus nun auf den Tisch kommen!

Ziemlich edel: Risotto alla milanese

Für viele Genießer ist dies die ultimative Variation des schier unendlichen Themas Risotto. Wichtig beim Einkauf: Es müssen Fäden des Safran-Krokus sein, auf keinen Fall Pulver! Und schön tiefrot sollte das superteure Gewürz sein. Und noch etwas: Wie schon im vorhergehenden Text erklärt, sollte viel und ausdauernd und aufmerksam gerührt werden. Am besten mit einem Holzlöffel (der wenig Hitze überträgt).

Wenn Sie übrigens der Meinung sein sollten, dies sei ja nun kein ausgesprochenes „Arme-Leute-Gericht", das wir Ihnen in unserer Cucina casalinga vorstellen – haben Sie natürlich Recht. Milano ist ein etwas teureres Pflaster. Doch die Investition lohnt allemal!

Übrigens: Wir verzichten bewusst auf das übliche Ochsenmark…

350 g Vialonereis
ca. 1 l Hühner- oder Rinderbrühe
0,2 g (1 Tl.) Safranfäden
2 Schalotten
100 g Parmesan Reggiano

50 g Butter
100 ml trockener Weißwein
30 ml Olivenöl
Salz und Pfeffer

Die Schalotten in feine Würfel schneiden und in Olivenöl leicht anschwitzen. Den Risottoreis dazugeben kurz mit anschwitzen. Sie werden beobachten, dass sich das Aussehen der Körner nach etwa einer Minute ändert: Sie werden fast ein wenig transparent.

Nun mit einem halben Glas des Weißweines ablöschen, sehr gut umrühren und den Wein vollständig einkochen lassen. Vorsicht: Nichts liebt der Reis so sehr wie die dauernde Vermählung mit dem Topfboden! Auch danach, wenn Sie nun „Schluck für Schluck" jeweils eine halbe Tasse heißer Brühe zum Reis geben, ist ständige Aufmerksamkeit und fleißiges Rühren Pflicht.

Sollten Sie Gäste haben, bitten Sie diese lieben Menschen einfach, sich mit einem Glas Wein zu Ihnen in die Küche zu stellen (während der fast 20 Minuten dauernden „Operation Risotto" dürfen Sie den Topf nämlich wirklich nie aus den Augen lassen).

Nach 5 Minuten geben Sie die Safranfäden dazu, dabei, wir sagen es noch einmal, immer rühren und nach und nach Brühe aufgießen.

10 Minuten später probieren Sie den Risotto. Wenn er weich ist, aber noch Biss hat, nehmen Sie ihn für eine Minute vom Feuer, geben dann die Butter und den fein geriebenen Parmesan Reggiano dazu und servieren das köstliche Gericht sofort.

Risotto al Barolo mit Entenbrust

Meist präsentiert die Cucina casalinga Risotto als eigenständiges Gericht. Hier brilliert er als vollendete Beilage zur Ente. Klar, dass der Barolo nicht nur in den Reis – sondern auch ins Glas gehört! Übrigens sollten Sie auf die Reisqualität achten. Üblicherweise werden Sie im Supermarkt die Sorte Arborio finden. Besser ist es, sich Vialone oder Carnaroli, zum Beispiel den in Piemont (das ist eine der wichtigsten Anbauregionen für Reis) biologisch erzeugten Acquerello zu besorgen.

4 Stück Entenbrust (weiblich)
10 g Ingwer, in dünnen Scheibchen
250 g Risottoreis
1/2 l Barolo
2 Schalotten
150 ml Hühnerbrühe
50 g Butter
100 ml Olivenöl
100 g Parmesan, fein gerieben
Salz und Pfeffer aus der Mühle

Die Schalotten in möglichst sehr feine Würfel schneiden und in einem Topf mit der Hälfte des Olivenöls andünsten. Dann weiter wie zuvor ausführlich beschrieben: Also den Risottoreis zugeben und mitdünsten. Den Reisansatz nach und nach mit Barolo und Hühnerbrühe aufgießen, so dass der Reis gerade eben mit Flüssigkeit bedeckt ist.
Bei mittlerer Hitze ca. 15-20 Minuten garen.
In dieser Zeit unsere Entenbrust zuschneiden d. h. von den flachen Sehnen an der Fleischseite befreien, in die Haut ein Rautenmuster einritzen, am Rand die Hautüberschüsse wegschneiden und mit Salz und Pfeffer würzen.

Die Hautseite der Entenbrust mit dem Ingwer in Olivenöl braun anbraten, dann wenden und im vorgeheizten Backofen (170°C) sieben Minuten fertig garen.
Danach unbedingt 5-10 Minuten an einem warmen Ort, zum Beispiel auf der offenen Ofenklappe, ruhen lassen! Dann erst streifenförmig längs aufschneiden. (Sollte etwas Bratensaft austreten, können Sie ihn ruhig zum Reis geben – gut verrühren!)
Den Risotto eine Minute ruhen lassen, dann mit Butterflocken und Parmesan verfeinern, und vor dem Servieren mit Salz und Pfeffer abschmecken.

Fisch und Meeresfrüchte - schöner als Luxus

Italien ist Europameister – was die Länge seiner Küsten angeht. Auf 7 600 Kilometer Länge schlagen die Wellen der vier kleinen Randozeane des Ionisches, Adriatischen, Tyrrhenischen und des Ligurischen Meeres an die Küsten des Landes. Zum „Stiefel" gesellen sich rund 200 Inseln, von der keine sechs Quadratkilometer kleinen Albarella in der Adria bis zu den mehr als 25 000 Quadratkilometer großen Inseln Sardinien und Sizilien. Dort und auf dem Festland gibt es Hunderte von kleinen und großen Seen und fast zwei Dutzend Lagunen – mehr als 7 200 Quadratkilometer Blau. Und überall wird gefischt.

So verwundert es nicht, dass die Küche der meisten Regionen des Landes immer schon auch eine Fischküche gewesen ist – vermutlich schon zu Zeiten der Etrusker und auf jeden Fall bei den Römern, die bei ihren Gastmahlen die Raffinesse der Kochkunst auf eine atemberaubende Höhe gehoben haben.

Welch seltsame Blüten dies treiben konnte, beschrieb die Satire „Gastmahl des Trimalchio". Und dies war einer ihrer Höhepunkte: Weil die höchst begehrten Meerbarben während des Sterbens ihre Schuppen leuchtend rot verfärbten, wurden sie erst am Tisch vor den Augen der Gäste ums Leben gebracht…

Wie die Überlieferung wissen will, beendete diese Episode aus dem Satyricon des Petrionus Arbiter im ersten nachchristlichen Jahrhundert jene grausame Sitte – sie war der Lächerlichkeit preisgegeben, eine in allen Zeiten gute Waffe.

Die Fische und Krustentiere, die heutzutage in die Küchen Italiens und auch in unser Palio kommen, sind schon in den Mosaiken der Griechen und Römer naturgetreu nachgebildet. Doch während frische Fische – beliebt waren vor allem die küstennah gefangenen Felsenfische – nur auf die Tische der Oberklasse kamen, könnte sich die Cucina casalinga des Palio heute auf eine fast beliebige Auswahl weltweit gefangener und erstaunlich frisch angelieferter Meeresbewohner stützen. Das tut sie aber nicht.

Auch hier sind es vor allem Felsenfische, typische Bewohner des flachen und nährstoffeichen Schelfmeeres, dazu ausgesuchte Krustentiere aus Naturfang, die in der Cuchina casalinga des Palio verwendet werden. Noch mehr als bei vielen anderen Lebensmitteln spielt hier die Frische und die Produkt-Qualität eine entscheidende Rolle (schauen Sie sich den Seeteufel auf der Nachbarseite an!)

Was unsere (und Ihre!) Gäste davon haben? Probieren Sie es aus!

Und achten Sie bei Ihrem Einkauf auf die untrüglichen Zeichen der Frische: Klare Augen, satt rote Kiemen, glänzende Haut, die dem Druck ihrer Finger elastischen Widerstand entgegen setzt. Dazu ein feiner, ans weite Meer erinnernder Geruch, der eigentlich eher in die Kategorie Duft einzuordnen wäre…

Cacciucco alla livornese

Eine herrliche Variation des großen Themas Fischsuppe – oder Fischeintopf? Auf jeden Fall unschlagbar italienisch. Wie bei allen Fischgerichten sollten Sie darauf achten, den Garpunkt genau zu treffen. Der Kochvorgang ist ausgesprochen kurz! Der Fisch muss beim Servieren gerade eben noch ein wenig „glasig" sein – er zieht in der heißen Suppe ja noch etwas nach.
Tipp: Dieses Rezept verlangt eigentlich nach küstennah gefischter Ware. Sie können aber durchaus auch andere Seefische verwenden. Diese dürfen aber auf keinen Fall – etwa wie Lachs, Heringe oder Makrelen – fett sein!
Das Rezept der Tomatensauce finden Sie auf Seite 40.

600 g grätenfreie Fischfilets, in ca. 4cm großen Stücken (z.B. Meerbarbe, Seeteufel, Petersfisch, Zackenbarsch, Dorade, Wolfsbarsch)
8 Riesengarnelen (Größe 8/12)
150 ml trockner Weißwein
300 ml (hausgemachte) Tomatensauce (S. 40)
4 Knoblauchzehen, fein gehackt
4 Zweige Thymian
2 Peperoni, entkernt, fein gewürfelt
60 ml Olivenöl (leicht im Geschmack, am besten aus Ligurien)
Salz, Pfeffer
12 kleine Weißbrotscheiben, mit Parmesan überbacken (Crostini)

Die gepellten und entdarmten Riesengarnelen mit den Fischfilets in Olivenöl zusammen mit Knoblauch, Peperoni und dem Thymian von allen Seiten ganz kurz kross anbraten und mit dem Weißwein ablöschen.
Noch einmal: Die Fische müssen vor dem Ablöschen fast noch roh sein. Deshalb verwenden wir in diesem Fall gern eine Eisenpfanne, die besonders rasch heiß wird. Wichtiger als die Kruste auf den Fischstücken ist aber ihr richtiger Garpunkt. Vielleicht müssen Sie das sogar ein, zweimal üben. Keine Angst: Das geht uns Profis oft genug auch so.
Die in einem kleinen Topf zuvor erwärmte Tomatensauce aufgießen und wirklich nur ganz, ganz kurz bei maximal 90°C köcheln lassen.
Wenn die Fischstücke die richtige Textur haben, mit Salz und Pfeffer abschmecken, in angewärmte tiefe Teller füllen und mit den Parmesan-Crostini servieren.

Jakobsmuscheln all'arrabbiata mit Kapern

Besonders wütend, zornig oder aufgebracht (arrabbiata) werden Ihre Gäste kaum sein, wenn Sie ihnen dieses einfach aber treffsicher auf den kulinarischen Punkt gebrachte Gericht servieren. Allerdings entscheidet hier die Qualität der – teuren – Jakobsmuscheln darüber, ob die Pilgerreise nicht doch aus falscher Sparsamkeit ins kulinarische Verderben führt: Lassen Sie auf jeden Fall die Finger von den vielfach angebotenen tot ausgepellten Muscheln in Salzlake. Brrrrrhhh!!! Also entweder lebende Muscheln verwenden (nichts für ANFÄNGER!) Oder die zum Teil sehr guten tiefgefrorenen Muscheln kaufen und dieselben ganz langsam (am besten über Nacht im Kühlschrank) auftauen lassen. Eine möglichst große beschichtete Pfanne (oder 2 kleine) verwenden – die Muscheln brauchen Platz um sich herum, damit sie braten und nicht köcheln!

16 Jakobsmuscheln (ohne Rogen)
8 kl. Tomaten (evtl. aus der Dose)
2 Peperoni, entkernt, fein geschnitten
2 Knoblauchzehen, fein geschnitten
1 Bund Frühlingslauch, geputzt,
in kleine Ringe geschnitten

2 El Kapern
100 ml Olivenöl (mild)
3 El Mehl
2 Limonen (Saft)
2 Zweige Thymian, abgezupft

Die Tomaten am Stielansatz kreuzförmig einritzen, überbrühen, abschrecken und die Haut abziehen. Die Früchte entkernen und das Fruchtfleisch in sehr kleine Rauten schneiden. Die kurz gewaschenen und sehr sorgfältig mit Küchenkrepp oder einem Tuch abgetrockneten Muscheln salzen und pfeffern und ganz leicht mit Mehl überstäuben. In Olivenöl bei mittlerer Hitze von beiden Seiten anbraten.

Nun Tomaten, Lauch, Knoblauch und Peperoni zu den Muscheln geben, mit Thymian, Salz und Pfeffer würzen und bei ganz kleiner Hitze etwa eine Minute durchschwitzen lassen. Achtung: Die Muscheln sollen innen noch ganz leicht glasig sein (sie ziehen auf den Tellern ja noch nach). Beim Anrichten auf den Tellern mit einigen Spritzern Limonensaft und den Kapern verfeinern.

Thunfisch mit gegrillter Wassermelone

Erscheint Ihnen dieses Rezept ungewöhnlich? Bestimmt! Aber es ist aufregend zu erleben, welche Verwandlung das scheinbar weitgehend aus „Wasser" bestehende Fruchtfleisch der Wassermelone in der Küche des Palio erfährt. Und welche neuen Geschmacksdimensionen sich dabei erschließen.
Der Fisch darf auf keinen Fall mehr als „glasig" gebraten werden – sonst wird er trocken!

600 g Thunfischfilet aus dem Rücken
(4 Scheiben à 1 cm Dicke)
1/2 Wassermelone (4 Scheiben 1 - 0,5 cm dick)
2 rote Peperoni
2 El grüne Pfefferkörner
2 Zweige Thymian

1 Zweig Minze, (beide gezupft)
2 Limetten (Saft)
50 ml Limonenöl
Salz & Pfeffer

Die Wassermelone schälen, in 0,5-1,0 cm dicke Scheiben schneiden und die Kerne entfernen. Die Peperoni halbieren, entkernen und in feine Streifen schneiden.
In einer Pfanne die Hälfte des Limonenöls erhitzen und darin die mit Peperoni, grünen Pfefferkörnern und den Kräutern gewürzten Melonenscheiben bis zum Karamellisieren von beiden Seiten braten. Aus der Pfanne nehmen und den Pfannenboden mit Limettensaft ablöschen.
Den mit Salz und Pfeffer gewürzten Thunfisch im restlichen Limonenöl ganz kurz „glasig" braten und mit dem abgelöschten Limonensaft auf den Melonenscheiben servieren.

Rotbarbe (in der Folie gegart) mit Tomaten, Muscheln und Oliven

Die Zubereitung in der Folie ist nicht nur sehr schonend – sie ist auch einigermaßen bombensicher. Vor allem aber verbinden sich hier die Aromen unschlagbar gut mit dem zarten Fischfilet. Statt der großen Miesmuscheln können Sie auch – sofern sie erhältlich sind – die kleineren, teureren und deutlich feineren französischen Bouchot verwenden.

8 Meerbarbenfilets à 80 g
4 vollreife Tomaten
4 El schwarze Oliven (in kl. Stücken)
2 El grüne Oliven (in kl. Stücken)
300 g Miesmuscheln
1 Zehe Knoblauch, gepresst
1 Peperoni, entkernt, fein geschnitten
50 ml Olivenöl
50 ml Weißwein
1 kl. Gemüsezwiebel, fein geschnitten
Salz, Pfeffer

Die Tomaten gegenüber dem Stielansatz kreuzförmig einritzen, mit kochendem Wasser überbrühen, in kaltem Wasser abschrecken, häuten, von den Kernen befreien und in kleine Stücke schneiden.

Die Miesmuscheln (nur die fest verschlossenen!!!) sauber waschen und gut abtropfen lassen.

In einem großen Topf die Zwiebeln in Olivenöl glasig werden lassen, den Weißwein mit Knoblauch, Peperoni, Salz und Pfeffer aufgießen und die Muscheln maximal fünf Minuten im geschlossenen Topf garen – nun sollen alle Muscheln geöffnet sein (die ungeöffneten Muscheln müssen Sie unbedingt wegwerfen!)

Jetzt die Fischfilets auf der Haut ganz kurz kross anbraten, nebeneinander auf ein großes Blatt Alufolie (oder Backpapier) legen und mit Muscheln, Tomatenstückchen und Oliven belegen, pfeffern, salzen und mit einem zweiten Stück Folie bedeckt zu einem dichten Paket falten.

Acht Minuten im 160°C warmen Ofen machen aus dem Fisch eine wahre Köstlichkeit. Ein Kunstwerk, das Sie auch direkt am Tisch aus der Folie „enthüllen" können.

La carne, il pollame, la cacciagione

Wir wissen nicht, wie hoch der Anteil strikt an die Regeln vegetarischer Ernährung sich haltender Italiener ist – vermutlich eher klein im Verhältnis zu den lebenslustigen Carnivoren, die zwischen Alpen und Ätna seit je ihrer sehr italienischen Variante einer hoch entwickelten Fleischeslust frönen. Voraussetzung ist beste Qualität, reiner Geschmack – und dann die Raffinesse hoher Kochkunst auch in der scheinbar so einfachen Cucina casalinga..

Dieser Anspruch konnte noch vor einigen Jahrzehnten oftmals kaum wirklich befriedigt werden, in Italien wie in Deutschland. Zwar hatten sich Herden der gigantisch ausschauenden und schmeckenden Chianina-Rinder aus den Zeiten der Etrusker und Römer bis in unsere Tage gerettet – vorwiegend übrigens als Last- und Tragetier. Und bereits in den 30er Jahren des vergangenen Jahrhunderts war das Zoologische Institut der Universität von Florenz damit beauftragt worden, die Razza Chianina nach gründlichem Studium durch einen Zuchtplan zu stabilisieren.

Doch auch heute noch, wo die weißen Riesenrinder in zehn Provinzen gezüchtet werden, ist es schwierig, tatsächlich ein Stück des geschätzten Fleisches zwischen die Zähne zu bekommen, wenn man in einem Restaurant das berühmte Bistecca alla fiorentina geordert hat – man begnügt sich halt gern mit billigerem Material oft südamerikanischer Provenienz. Und auch die anderen als besonders hochwertig geltenden Fleischsorten des vitello bianco, zum Beispiel Romagnola oder Marchigiana sind auch in Italien ebenso teuer wie rar.

Im Palio werden Sie auch deshalb kein Bistecca alla fiorentina auf der Karte finden – das Küchen-Team Helmut Griebls kocht engagiert italienisch – aber es imitiert nicht. Und während unsere Cucina casalinga ihre Anregungen aus den vielen Regionalküchen Italiens schöpft, muss sie sich mit den Gegebenheiten des deutschen Marktes arrangieren.

Auch diese waren vor einigen Jahrzehnten oft niederschmetternd. Fleischrinder wurden in Deutschland kaum gehalten. Der schiere Durchmesser der Ochsenfilets, die damals verkauft wurden, signalisierte die für Feinschmekker enttäuschende Herkunft der Rinder: Die armen Kerle stammten von Milch- oder Mehrnutzenrindern ab, gaben keine Milch – und wurden halt geschlachtet, wenn sie möglichst schnell viel Fleisch gebildet hatten, trocknes, geschmackloses, irgendwie pappiges Zeug.

Gottlob, diese Zeiten sind vorbei!

Heute kommen Fleisch und Geflügel von kleinen ländlichen Erzeugern zu uns, die mit einem neuen Qualitätsbewusstsein und einer ordentlichen Portion Liebe hochwertige Produkte erzeugen.

Beim Wild ging es uns Teutonen ohnehin immer schon besser als den Bewohnern des seit

Das Fleisch, das Geflügel, das Wild

zwei Jahrtausenden leider recht waldarmen Stiefels.

Dass sich cinghiale, das wilde Borstentier, in allen möglichen Formen auf dem Speisezettel der Cucina casalinga wieder findet, zeugt von der enormen Lebenskraft des Wildschweins. Die Umweltbehörde spricht von gut einer halben Million dieser rauhen Gesellen, die fast im ganzen Lande (mit Ausnahme der Poebene, der adriatischen Küstenregionen und Siziliens) ihre Rüssel in den italienischen Boden bohren. Kräftiges, deftiges, dunkles Fleisch, das einen idealen Gegenpart zur sanften Milde von Pasta abgeben kann (wie bei Griebls „Spezzatino" auf Seite 74).

Mit Geflügel (zu dem kulinarisch eigentlich auch das Fleisch des Kaninchens zu zählen ist) hatten und haben Italiener wie Deutsche ähnliche Erfahrungen gemacht. Nach einer Phase von Generationen, die ihr Federvieh am und im Hof aufgepäppelt hatten, kam eine fragwürdige Moderne mit ihren Turboprodukten. Und dann, welch ein Glück, die Rückbesinnung vieler kleiner Produzenten auf Qualität. Und, wohl ebenso wichtig, die durch Bewegungen wie Italiens Slow Food geförderte Bereitschaft der Verbraucher, die naturgemäß teureren Produkte auch zu kaufen.

Was dabei herauskommen kann? Probieren Sie es! Kaufen Sie bewusst ein – oder kommen Sie im Palio vorbei. Dort lässt sich erschmecken, was hohe Qualität auf dem Teller bedeutet.

Wissen Sie, was Folgendes bedeutet:
polpetta schiacciata di carne?

Wir haben einmal in einem sehr, sehr alten Lehrbuch der italienischen Sprache einen Satz gefunden, der uns ein Leben lang erfreut hat. Es ging um die Aussprache, die typische Intonation des Italienischen. Dort war zu lesen:

„Jeden Satz sprechen Italiener so bedeutsam aus, als gehe es um die größte und wichtigste Besonderheit der Welt..."

Nett, oder? Jedenfalls mag das auch für so manches Geschriebene gelten.

Also:

polpetta schiacciata di carne?
Ganz einfach: **Hamburger!**

Es tut uns leid für dieses klangvolle Beispiel aus dem Sprachschatz unserer lieben italienischen Freunde – denn Hamburger werden Sie im Palio wohl eher nicht finden...

Spezzatino vom Wildschwein mit Gnocchi

Dies ist ein Gericht von hohem Erinnerungswert – vor allem, wenn Sie nicht an der Qualität des Rotweins sparen: Er sollte tiefgründig und so dunkel wie möglich sein.
Ein Tipp: Wenn Sie den Wein zunächst einmal ganz kurz aufkochen (und damit vom Alkohol befreien), bevor Sie das Fleisch zugeben, wird es viel zarter. Dies gilt eigentlich für jedes Rezept, bei dem Sie Wein verwenden und den darin enthaltenen (üblicherweise ja sehr geschätzten) Alkohol direkt mit dem Fleisch in Verbindung bringen würden.

800 g Wildschweinskeule o. Knochen
50 g Lardo
3 Gemüsezwiebeln
2 Knoblauchzehen
1 Möhre
50 ml Olivenöl
1 l Rotwein
1 l Rinderbrühe
3 EL Tomatenmark
2 EL Mehl
5 Wacholderbeeren
1 Peperoni
1 Zweig Rosmarin
1 Lorbeerblatt
Salz & Pfeffer aus der Mühle
(Das Rezept für die Gnocchi finden Sie auf Seite 52)

Die Zwiebeln, die Möhre, den Knoblauch und die Peperoni in feine (ca. 1 cm) Würfel, den Lardo in 2 cm Würfel schneiden.
Die Wildschweinskeule in ca. 3 cm große Stücke schneiden, mit wenig Salz und Pfeffer würzen und in einem dickwandigen (Schmor-)Topf in Olivenöl anbraten.
Dann Zwiebeln, Möhren, Knoblauch, Peperoni und Lardo zugeben und mitrösten, bis alles leicht glasig ist; einen Hauch Mehl darüber stäuben und durchrühren.
Das Tomatenmark hinzugeben und mit Rotwein (am besten, wie gesagt, zuvor ganz kurz aufkochen) und der Fleischbrühe ablöschen.
Das Ganze 30 Minuten bei 80-90°C schmoren lassen. Rosmarinzweig, Lorbeerblatt und Wacholderbeeren in einem kleinen Gewürzsäckchen hinzugeben. Nach weiteren 30 Minuten probieren, ob das Fleisch gar ist, Gewürzsäckchen entfernen und das Ragout mit Salz und Pfeffer abschmecken.

Rinderfilet Siracusa mit Mandeln & Safran

Sizilien, Schmelztiegel der Mittelmeerkulturen, blühender Garten… die „Siracusa", ein wahrer Klassiker der Palio-Küche erzählt davon in der schönst denkbaren Art und Weise. Der Wein, die Mandeln, der kostbare Safran, das Rinderfilet – all das wird in der Palio-Küche in bester Qualität verwendet, damit gerade dieses Gericht seine wunderbare Intensität erhält.

Achten Sie also auf besonders frische Mandelblätter. Die Safranfäden sollten möglichst dunkelrot sein. Der Wein fast „zu schade zum Kochen". Und das Fleisch? Bitte aus Europa, denn das meiste Fleisch, das aus Südamerika zu uns kommt, reift viel zu lange in der Folie nach – was sich im Geschmack recht unangenehm ausdrückt!

Der Fleischsaft, der beim Ruhen des Filets sich in der Folie gesammelt hatte, sollte zu der Sauce gegeben werden – dies ist eine Art von Aroma-Doping, wenn Sie so wollen…

750 g Rinderfilet
4 Zweige Thymian
40 ml Olivenöl
Salz und Pfeffer

Für die Sauce:
1/2 l Sahne
3 Schalotten
0,2 g (etwa 1 Tl) Safranfäden
20 ml Olivenöl
100 g geröstete Mandelblätter
1 EL Mehl
50 ml Weißwein
Salz und Pfeffer

Die Schalotten in kleine Würfel schneiden und in Olivenöl anschwitzen. Mit Mehl leicht überstäuben, den Weißwein und die Sahne aufgießen. Safranfäden dazugeben und ca. 15 Minuten vorsichtig bei niedriger Temperatur sämig köcheln lassen.

Danach die Sauce aufmixen und durch ein feines Sieb passieren.

Das Rinderfilet mit den Thymianzweigen in Olivenöl von allen Seiten anbraten. Das angebratene Filet bei 170°C auf Heißluft im Backofen ca. 15 – 20 Minuten (je nach Garpunkt) braten, aus dem Ofen nehmen. Dann für 5-10 Minuten in Folie einschlagen und ruhen lassen, mit Salz und Pfeffer würzen.

In dieser Zeit die gerösteten Mandelblätter in die Safransauce geben, das Rinderfilet in dünne Scheiben schneiden und in der mit dem Bratensaft angereicherten Sauce servieren.

Kulinarische Sensation auf leisen Sohlen

Es war von Anfang an eine Sensation – aber eine, die auf „leisen Sohlen" daher kam: Als das Palio im September 1998 seine ersten Gäste empfing, war in der langen Geschichte des ehrwürdigen Fürstenhofs in Celle ein erfrischend neues Kapitel aufgeschlagen worden. Und im Nachhinein betrachtet nahm dieses italienische Spitzenrestaurant seine Zukunft in bemerkenswerter Weise voraus, jene Rolle, die es im Gesamtkonzept der Althoff Hotel Collection spielen würde, jener Reihe von außergewöhnlichen, an höchsten Gourmetstandards orientierten Luxushotels in Deutschland, Frankreich und London.

Auch der Begründer des Palio, Andreas Schmitt, ahnte wohl kaum, dass sein neues Lokal hier einmal ganz besondere Akzente setzen würde (und wohl auch nicht, dass er selbst einige Jahre später bei Althoff als Vice President für die kulinarischen Belange aller Häuser zuständig sein würde).

Andreas Schmitt, damals für einen anderen Eigentümer nach Celle geholt, um den Fürstenhof und sein Luxusrestaurant Endtenfang, in die Moderne zu transferieren (was glänzend gelang), dachte vermutlich an seine Jugend.

Die hatte er in Wertheim am Main verbracht, wo Vater Adalbert Schmitt die legendären Schweizer Stuben führte – und gemeinsam mit ihm – die Taverna La Vigna, die laut Gault Millau „beste italienische Küche in Deutschland".

So etwas Ähnliches musste auch in Celle möglich sein. Es gab als Zweitrestaurant die „Kutscherstuben" (mit einem zum Namen passenden gastronomischen Konzept). Die wurden erweitert und gründlichst umgebaut.

Aber wie! Den Fußboden schmücken nun edel abgetretene Keramikfliesen aus einem mediterranen Gehöft. Das massive Mobiliar stammt von italienischen Herstellern, die original getreue Nachbauten traditioneller Tisch- und Stuhlformen anfertigten. Die schönen Lüster aus Florenz.

Nur der Mann, der in der Offenen Küche seit Anbeginn die Cucina casalinga interpretiert, Helmut Griebl, kommt aus Niederbayern.

Mittlerweile gehören Fürstenhof und Palio zur Althoff Hotel Collection, die wie niemand sonst im Lande Spitzengastronomie verwirklicht.

Dass sie aber auch ihre ganz besondere Zuneigung den Zweitrestaurants ihrer Luxusherbergen widmet, zeigt ein kulinarischer Seitenblick nach Schloss Bensberg.

In der Trattoria Enoteca kocht ebenfalls ein deutscher Chef, Marcus Graun, wundervolle Italiana. Schauen Sie auf die kulinarische Kostprobe am Ende dieses Buches.

Und freuen Sie sich mit vielen, vielen Stammgästen über den Erfolg des Palio!

Cordonbleu „Palio"
mit Fontina-Käse und Parmaschinken

Dass die italienische eine Küche der Regionen ist, hindert sie nicht daran, Grenzen zu überspringen und sich kurz einmal das Beste auch aus einer entfernten Gegend zu besorgen: Fontinakäse aus dem Piemont und Parmaschinken aus der Emilia Romagna – perché no! Grissinistangen (Norditalien) für die Panade – das ist ein netter Einfall – allerdings sollten die Stangen von bester Qualität und hübsch knusprig sein!
Den Trick, Fleisch zwischen zwei Haushalts-Folien zu plattieren (funktioniert auch mit Mürbeteig etc.) kennen Sie vielleicht schon. Das Fleisch wird hier sanfter behandelt und bleibt definitiv viel saftiger.

8 Kalbsschnitzel à 80 g
8 Scheiben Fontinakäse à 10 g
8 Scheiben Parmaschinken à 10 g
12 Grissinistangen

2 Eier
4 EL Mehl
150 ml Olivenöl
Salz und Pfeffer aus der Mühle

Das Mehl in eine Schüssel geben, die Eier in einer weiteren Schüssel verquirlen und die Grissinistangen in einer Schale in sehr kleine Stücke (ca. 0,5 bis 1 cm) brechen und danach noch ein wenig zerkrümeln – dies wird unsere ganz besonders leckere Variante des Themas „Paniermehl"!
Die zwischen zwei Folien ohne allzu großen Druck dünn geklopften Kalbsschnitzel mit Salz und Pfeffer würzen, mit Fontinakäse und Parmaschinken belegen und zusammenklappen.

Anschließend der Reihe nach in Mehl, dann in Ei und zum Schluss in den zerkleinerten Grissinistangen wenden.
Die Kalbs-Cordon bleu in reichlich Olivenöl bei mittlerer Hitze von beiden Seiten goldgelb backen.

Fasan, Traubensauce & cremige Polenta

Der „fagiano" – so ungefähr beschreibt es die italienische Wikipedia-Seite, ist neben anderen Gefährdungen auch der Jagd durch den Menschen ausgesetzt – wegen seines „carni squisite". Ein Wort, das nicht unbedingt übersetzt werden muss.
Doch Vorsicht: Das flotte Federvieh mag im Ofen weder Hast noch allzu hohe Temperaturen. Und es verlangt um jeden Preis nach einem Mantel aus dem zart-schmelzenden italienischen Speck (grüner Speck aus deutschen Landen ist nur ein unvollkommener Ersatz für den edlen Lardo!)

1 Fasan
250 g grüne Trauben
1/2 l Sahne
90 g Polenta
40 g Parmesan
40 g Lardo, dünne Scheiben
Salz, Pfeffer und Muskat
0,2 l Chianti

0,2 l Hühnerbrühe
2 Möhren
1 Zwiebeln
1 Sellerie
20 ml Olivenöl
1 Zweig Thymian
1 Zweig Salbei
20 g Parmesan, fein gerieben

Den Fasan gründlich (mit einer breiten Pinzette) von restlichen Federn befreien und innen wie außen waschen. Gut abtropfen und sehr sorgfältig mit Küchenkrepp abtrocknen.
Das Wurzelgemüse in walnussgroße Stücke schneiden und auf einem tiefen Backblech verteilen.
Den Fasan mit Salz, Pfeffer, Thymian und Salbei würzen, mit feinen Lardoscheiben umwickeln und auf das Schmorgemüse legen.
Das Ganze ein bis eineinhalb Stunden bei 170°C backen und nach und nach mit Chianti und Hühnerbrühe aufgießen. Kurz vor dem Garende die Sauce vom Blech durch ein Sieb in einen Topf gießen, aufkochen, halbierte und entkernte Trauben zugeben und mit Salz und Pfeffer abschmecken.
Für die Polenta die Sahne zum Kochen bringen, Polenta mit einem Schneebesen einrühren und 20 Minuten „abbrennen" (immer wieder in der gleichen Richtung vorsichtig umrühren). Mit Salz, Muskat und Parmesan abschmecken und heiss und cremig zu Fasan und Traubensauce servieren.

Geschmorter Ochsenschwanz, gebratene Polenta & Lardo di colonnata

Schmorgerichte beim „Italiener um die Ecke"? Unmöglich!? Dabei gehören sie zum transalpinen Küchenrepertoire wie Pasta und Pesce. Ganz wichtig bei diesem sehr, sehr sättigenden Gericht (die Menge reicht vermutlich eher für sechs bis acht Personen) ist neben der Fleischqualität die Güte des Weins und vor allem die durchgängig niedrige Temperatur (max 90°C) beim geduldigen Schmoren!

2 Ochsenschwänze
200 g Möhren
150 g Zwiebeln
100 g Sellerie
1,5 l Barolo
1/2 l Rinderbrühe

20 Perlzwiebeln
1 Zweig Rosmarin
2 Lorbeerblätter
2 Zweige Thymian
100 ml Olivenöl
Salz, Pfeffer und Zucker

Am Tag vor der Zubereitung die Perlzwiebeln schälen, in 50 ml Olivenöl anschwitzen und mit 0,25 l Barolo aufgießen; leicht mit Salz, Pfeffer und Zucker würzen. Anschließend in einem Töpfchen weich garen und kühl stellen.

Am gleichen Tag die Ochsenschwänze an den Knorpeln entlang in Stücke teilen (oder diese Arbeit vom Fleischer erledigen lassen) und in einen großen Topf geben.

Wurzelgemüse in walnussgroße Stücke schneiden, den Knoblauch klein hacken und auf den Ochsenschwanz legen. Das Ganze mit Barolo aufgießen, mit Folie bedecken und über Nacht kaltstellen.

Am darauf folgenden Tag den Ochsenschwanz und das Gemüse aus dem Barolo nehmen, mit ziemlich viel Küchenkrepp sehr sorgfältig abtrocknen und dann die Abschnitte des Ochsenschwanzes kräftig mit Salz & Pfeffer würzen.

Das Fleisch in einer großen Pfanne oder einem Bräter nebeneinander liegend in Olivenöl nach und nach anbraten.

Dann das Gemüse zugeben, etwas rösten lassen und mit Marinade und der Brühe aufgießen.

Den Ochsenschwanz so lange schmoren bis sich das Fleisch leicht vom Knochen löst. Das Fleisch vorsichtig aus der Sauce nehmen.

Die Sauce wenn nötig reduzieren, aufmixen, durch ein grobes Sieb passieren, einmal aufkochen und mit Salz, Pfeffer und Knoblauch abschmecken.

Den Ochsenschwanz wieder zur Sauce geben.

Die vorbereiteten Perlzwiebeln vom Vortag einmal aufkochen und zum Ochsenschwanz servieren.

Gebratene Polenta mit Lardo di colonnata

1 l Milch
125 g Polenta
50 g geriebener Parmesan
40 g Lardo

Salz und Muskat
300 g Mehl
50 ml Olivenöl
Salz und Muskat

Die Milch zum Kochen bringen. Die Polenta mit einem Schneebesen nach und nach in die heiße Milch einrühren und mit einem Kochlöffel 20 Minuten „abbrennen" (immer wieder in der gleichen Richtung umrühren), damit die Polenta aufquillt. Den Parmesan zugeben, mit Salz und Muskat würzen und auf ein Blech gießen. Die Masse soll ca. 1 cm dick sein – auskühlen lassen.

Danach Formen Ihrer Wahl ausschneiden (ausstechen) und mit Lardo belegen, den fetten Speck gut andrücken und mit der Speck-Seite in einer Pfanne in etwas Olivenöl anbraten.

Lammhaxe geschmort mit Artischocken

Wer glaubt, die italienische Küchenweisheit in puncto Haxe sei bei Ossobucco beendet, mag sich getäuscht haben, denn hier zeigt der Palio-Koch, was aus den scheinbar wertlosen Lammhaxen zu machen ist – ein wahres Gaumen-Fest! Wie immer ist hier natürlich die Qualität wichtig. Lamm, nicht Schaf oder gar Hammel muss es schon sein.

Falsch machen kann man eigentlich nur eines – die Schmortemperatur über 90°C steigen zu lassen. Also Geduld, oder noch besser: cucina con amore!

Statt der Haxen kann auch ein passendes Stück aus der Keule oder eine Lammschulter verwendet werden.

4 Lammhaxen
150 g Zwiebeln
150 g Möhren
100 g Wurzelsellerie
4 Knoblauchzehen
2 Peperoni
1 Zweig Rosmarin
2 Zweige Thymian
0,25 l Rotwein
1 l Rinderbrühe
100 ml Olivenöl

FÜR DAS GEMÜSE:
4 Artischocken (in Zitronensud gekocht, vom Heu befreit)
2 Fenchelknollen
1 Staudensellerie
2 Möhren
Salz, Pfeffer

Das Fleisch mit Salz und Pfeffer würzen und in der Hälfte des Olivenöls im Schmortopf langsam von allen Seiten anbraten, danach kurz warm stellen. Die Artischocken weich kochen. Das Ofengemüse zerkleinern und gemeinsam mit den Aromaten anrösten. Mit einem Drittel des Weins ablöschen. Einkochen lassen, wieder ablöschen und noch einmal einkochen lassen. Wenn das letzte Drittel Wein zugegeben und aufgekocht ist, das Fleisch dazu geben, die Rinderbrühe (möglichst vorgewärmt) angießen und bei niedriger Temperatur (ca. 80°C auf dem Herd oder bei 170°C im Ofen) 90 – 120 Minuten köcheln.

Mit einer Fleischgabel prüfen: Die Haxen dürfen gerade eben noch ein wenig Widerstand leisten. Das Fleisch aus dem Topf nehmen, warm stellen.

Die Sauce aufmixen, durch ein grobes Sieb passieren und wieder im Topf auf ca. 600 ml einkochen (reduzieren); das Fleisch dann wieder in den Topf geben.

Nun das in Rauten geschnittene Gemüse im restlichen Öl anschwitzen, etwas Wasser dazu geben, mit Salz und Pfeffer abschmecken und – ganz nach Geschmack und Vorliebe – weich oder noch gerade eben bissfest dünsten.

Involtini vom Kalb, Tomaten-Zwiebelragout

Auf den Ersten Blick ein Nullachtfünfzehn-Gericht, das jeder „Italiener" an der Ecke serviert. Doch Sorgfalt, Qualität des Fleisches und das wunderbar frische Tomaten-Zwiebelragout machen den Unterschied (ums Ganze!) aus.
Noch einmal der Palio-Tipp: Wenn Sie die Fleischscheiben zwischen zwei Haushaltsfolien legen, lassen sie sich sehr viel leichter flach klopfen – dieser Tipp gilt für alle ähnlichen „Problemstellungen". Also auch zum Beispiel, wenn Sie ein (österreichisches) Wiener Schnitzel schön flach klopfen wollen...

- 8 dünne Kalbsschnitzel à 80 g
- 8 Salbeiblätter
- 8 dünne Scheiben Pancetta
- 2 Büffelmozzarella
- 6 sonnengereifte Tomaten
- 150 ml Weißwein
- 150 ml Fleischbrühe
- 2 Knoblauchzehen
- 1 Peperoni
- 2 rote Zwiebeln
- 50 g Parmesan
- 10 Basilikumblätter
- 50 g Butter
- 50 ml Olivenöl

Die Kalbsschnitzel dünn klopfen und mit Salz und Pfeffer würzen. Den Mozzarella klein schneiden, auf die Schnitzel legen und diese einrollen. Auf jede Roulade ein Salbeiblatt legen, mit Pancetta umwickeln und mit einem Zahnstocher befestigen.

Die Kalbsröllchen in Olivenöl goldgelb anbraten, mit Weißwein und Fleischbrühe ablöschen und 20 Minuten bei leichter Hitze fertig schmoren.

In dieser Zeit die Zwiebeln schälen und in feine Scheibchen schneiden. Tomaten gegenüber dem Stielansatz kreuzförmig einritzen, überbrühen, die Haut abziehen, entkernen und die Tomatenstücke etwa in die Größe der Zwiebelscheibchen schneiden.

In einer Pfanne Olivenöl erhitzen, Zwiebeln und fein gehackte Knoblauchzehen und Peperoni glasig dünsten. Die Tomaten zugeben, mit Salz und Pfeffer würzen und so lange dünsten, bis alles gar ist, aber noch etwas Biss hat.

Die fertigen Involtini aus dem Topf nehmen, die Sauce kurz zum Kochen bringen und mit Butterflocken und Parmesan abbinden.

Die Röllchen mit der Sauce auf dem Zwiebelragout mit frisch gezupften Basilikumblättern servieren.

Entenbrust mit Chiantisauce, Feigenmostarda & geschmortem Chicorée

Ein wundervoll mit Aromen und Konsistenzen spielendes Gericht, das Sie lieben werden – vor allem auch, weil es wirklich absolut kinderleicht zu kochen ist!

Die Entenbrüste sollten Sie mit einem scharfen Messer von der kleinen flachen Sehne auf der Fleischseite befreien und überstehendes Fett auf der Hautseite großzügig abschneiden.

Tipp: Die Haut brät kreuzförmig eingeritzt besser aus. Und: Nehmen Sie die kleineren, weiblichen Entenbrüste. Sie sind viel zarter als die von Erpeln.

4 Brüste von weiblichen Barbarie-Enten
50 ml Olivenöl
2 EL Feigensenf
50 g Butter
100 ml Chianti
4 Orangen
4 Chicorée
Salz und Pfeffer aus der Mühle

Die Orangen auspressen, die Chicorée halbieren, den Strunk entfernen und in einem Topf mit Olivenöl leicht anbraten, mit Orangensaft ablöschen und mit Salz und Pfeffer würzen. Vom Herd nehmen und an der Seite bereitstellen.

Die Entenbrust würzen, in einer Pfanne mit der Hautseite zuerst langsam bis zur Bräune anbraten, dann in eine feuerfeste Form geben und darin mit Feigensenf bestreichen. Zusammen mit dem Chicorée 10 Minuten in dem auf 170°C vorgeheizten Ofen backen.

Aus dem Ofen nehmen und den Fond in einen Topf geben. Mit Chianti aufgießen, mit Salz und Pfeffer (wenn nötig noch etwas Feigensenf) abschmecken und mit Butterflocken abbinden. Die Entenbrust in feine Scheiben schneiden und auf dem Chicoréegemüse mit Chiantisauce servieren.

Perlhuhn auf Peperonata

Diese ebenso stattlichen wie lautstarken Tiere gehören zu den allerersten von Menschen domestizierten Vögel: Bereits die alten Ägypter schätzten ihr würziges Fleisch.
Selbstverständlich können Sie dieses Gericht auch mit Hühnerbrüsten nachkochen. Doch der typisch italienische Akkord mit dem „Mittelmeergemüse" der Peperonata wird dann ein wenig gedämpfter ausfallen...

4 Perlhuhnbrüste mit Flügel und Haut
4 Salbeiblätter
100 ml Olivenöl
2 grüne Paprika
2 rote Paprika
2 gelbe Paprika
1 Peperoni (mittelscharf)
1 Knoblauchzehe
50 ml Weißwein
Salz und Pfeffer aus der Mühle

Zunächst die Peperonata: Dafür die Paprika waschen, mit einem Sparschäler schälen und in Spalten schneiden. Die Knoblauchzehe pressen und die Peperoni halbieren, entkernen und in feinste (!) Streifen schneiden.

In einem Topf Olivenöl erhitzen, die Paprika dazugeben und leicht andünsten. Dann Knoblauch und Peperoni hinzufügen, mit dem Weißwein aufgießen, mit Salz und Pfeffer würzen und weich dünsten.

In dieser Zeit die Perlhuhnbrust waschen, gut abtropfen und sorgfältigst abtrocknen (Küchenkrepp). Unter die Haut jeweils vorsichtig ein Salbeiblatt schieben.

Die Brüste mit Salz und Pfeffer würzen und in einer Pfanne mit Olivenöl auf der Hautseite anbraten. Umdrehen und im Backofen bei 170°C (Heißluft) ca. 10 Minuten saftig garen. Kurz ruhen lassen.

Jede Perlhuhnbrust mit einem scharfen Messer längs in gleichmäßigen Scheiben aufschneiden und mit dem Peperonata-Gemüse servieren.

Geschmortes Kaninchen in vino bianco

Kaninchen erfreuen sich in der Küche unserer südlichen Nachbarn großer Beliebtheit. Das Fleisch ist gegenüber den meisten Hühnern erheblich fester und auch schmackhafter. Wegen seines Anteils an Kollagenen eignet es sich besonders gut für Schmorgerichte.
Tipp: Achten Sie darauf, das Fleisch nur mäßig heiß anzubraten. Und versuchen Sie, die besten, also aromatischsten Tomaten zu kaufen! (Vielleicht kennen Sie ja einen Tomaten anbauenden Gartenfreund...)

4 Kaninchenkeulen
300 g sonnengereifte Tomaten
1 Zweig Rosmarin
1 Zweig Thymian
4 Salbeiblätter
2 Knoblauchzehen
1 Peperoni
200 ml Brühe
150 ml Weißwein
30 g Petersilie
20 g Butter
40 ml Olivenöl
6 EL schwarze Oliven
8 Kartoffeln
Salz und Pfeffer

Die Kartoffeln schälen und vierteln, die Kaninchenkeulen abwaschen und gut abtropfen; sehr sorgfältig mit Küchenpapier abtrocknen. Alle Kräuter, Knoblauch und Peperoni klein schneiden.
Die Tomaten gegenüber dem Stilansatz kreuzförmig einritzen, überbrühen, abschrecken, die Haut abziehen, von den Kernen befreien und jede in acht Teile schneiden.

Nun in einem passend großen Bratentopf die Kaninchenkeulen in heißem Olivenöl von beiden Seiten anbraten, mit Weißwein und Brühe ablöschen.
Kräuter, Knoblauch, Peperoni, Oliven, Kartoffelecken und Butterflocken zugeben, mit Salz und Pfeffer würzen.
50 Minuten bei 170°C mit Heißluft garen.

Ossobuco mit Gremolata & Risotto milanese

Geduld! Dieses Gericht, das durch die Gremolata (dieser typisch italienischen Gewürzmischung aus fein gehacktem Knoblauch, glattblättriger Petersilie, geriebener Zitronenschale und Sardellenfilets) seine ganz eigene Note erhält, lässt sich spielend leicht ruinieren: durch eine zu hohe Temperatur beim Garen. Achten Sie peinlichst darauf, 90°C nicht zu überschreiten. Gehen Sie lieber unter diese Temperatur und gönnen dem Kalbfleisch dann ein paar Viertelstündchen mehr Garzeit.

8 Kalbshaxenscheiben
150 g Zwiebeln
150 g Möhren
100 g Sellerie
1 Peperoni
6 Knoblauchzehen
1 Bund Petersilie
1 l Rinderbrühe
6 sonnengereifte Tomaten
4 EL Mehl
100 ml Olivenöl
1 Zitrone
4 Sardellenfilets
1 l Weißwein
Salz und Pfeffer

Karotten, Sellerie, Zwiebeln, 4 Knoblauchzehen und Peperoni klein schneiden. Die Kalbshaxenscheiben kräftig mit Salz und Pfeffer würzen, leicht mit Mehl bestäuben, überflüssiges Mehl sorgfältig abklopfen und im Schmortopf in Olivenöl langsam schön braun anbraten.

Nun das Gemüse dazu geben, ab und zu mit etwas Weißwein ablöschen. Mit Rinderbrühe auffüllen und die Kalbshaxenscheiben zugedeckt ganz langsam weich schmoren.

Die Tomaten gegenüber dem Stielansatz kreuzförmig einritzen, überbrühen, die Haut ablösen und die Tomaten grob klein schneiden. Die Petersilie, die kurz gewässerten Sardellenfilets, die Schale einer Zitrone und die restlichen 2 Knoblauchzehen klein schneiden (das ist unsere Gremolata).

Die Kalbshaxenscheiben aus der Sauce nehmen, den Sud aufmixen, durch ein grobes Sieb passieren und mit Salz und Pfeffer abschmecken. Das Fleisch wieder in die Sauce legen und gehackte Tomaten zugeben.

Das Ossobuco mit der Gremolata und Risotto milanese (S. 55) servieren.

I Dolci – die süßeste Form der italienischen Verführung

Wenn es um die Süße ihres Lebens ging, haben sich unsere italienischen Freunde schon immer sehr, sehr viel Mühe gemacht – oder machen lassen: Durch seine Sklaven ließ Kaiser Nero sich frisches Eis aus den Appennini bringen, das seine Köche dann mit allerlei süßen Zutaten mischten, um das erhitzte Gemüt ihres Gebieters zu kühlen. Nüsse und Maronen, die Mandeln und Südfrüchte, feinste Zuckerbäckerarbeit und der verführerische Schmelz der Schokolade – es gibt heute keine Zutat, keine Kunst der Patisserie, die nicht in der italienischen Hochküche beheimatet ist.

Auch in der scheinbar so einfachen Cucina casalinga kommen Leckermäulchen auf ihre Kosten. Die regionale Vielfalt, die manchmal schon von Ort zu Ort verschiedenen Viktualien und Rezepte (von den Bezeichnungen wollen wir erst gar nicht reden) sorgen für eine mitreißende Vielfalt.

Dolci – das ist ein Spielfeld von fast unendlichen Ausmaßen für die Phantasie unserer transalpinen Nachbarn.

Kein Zweifel, dass es diese Italiener (Römer, vielleicht schon die Etrusker?) waren, denen die enge Nachbarschaft schneebedeckter Berge und fruchtbarer Obstgärten die Erfindung des Speiseeises eingaben.

Und es sind auch heute noch, da die Herstellung von hochwertigem Eis durch allerlei Maschinen so viel einfacher geworden ist, die italienischen Gelatieri Artigianali selbstverständlich das Maß aller Dinge.

Heute gibt es den italienischen Eismann auch im Lande der Deutschen fast überall. Freilich stellen nicht alle der rund 9 000 Eiscafés hierzulande ihre Gelati auch wirklich selbst her; nur etwa ein Drittel tut das. Doch wie unglaublich verspielt und erfindungsreich die Eiskünstler sein können, haben sie seit ihrer großen Invasion Ende der 50er Jahre durch die unüberschaubare Menge ihrer Eiskreationen immer wieder gezeigt.

Was allerdings nicht bedeutet, dass Masse gleich Klasse ist: Corrado Costanzo in der Via Silvio Spaventa 7 (einer Parallelstraße zum Corso Vittorio Emanuele III) in Noto auf Sizilien, der angeblich das beste Eis der Welt rührt, beschränkt sich auf wenige Sorten – von allerdings umhauender Qualität!

Wir im Palio haben in mehr als zehn Jahren ernsthafter Arbeit gelernt, für unsere Gäste das beste Eis zu machen. Wenn Sie von diesem Know-How profitieren mögen, geben wir Ihnen gern ein paar grundlegende Anregungen.

Also: Kaufen Sie nur die besten und frischesten

Zutaten! Versuchen Sie, eine möglichst starke – aber möglichst geringe Mengen herstellende Eismaschine zu kaufen, denn je kräftiger und intensiver das Eis durchgemischt wird, desto cremiger wird es.

Arbeiten Sie so sauber und so konzentriert wie möglich. Kühlen Sie die Eismasse so rasch herunter wie möglich und kühlen Sie sie vor der Zubereitung in der Eismaschine einen halben Tag im Kühlschrank ab.

Und laden Sie mehr Leckermäuler ein als gedacht: Ihr Eis vermehrt sich während der Zubereitung auf wundersame Art und Weise!

Worauf es bei Dolci ankommt, haben wir oben eigentlich schon ausgedrückt: Frische, Qualität, rasches und konzentriertes Arbeiten. Also sollten alle benötigten Zutaten und Arbeitsgeräte vorbereitet sein, bevor Sie beginnen – gleich ob es sich um einen Obstsalat, das scheinbar so einfache Tiramisù, eine Creme oder einen Kuchen handelt.

Wir – und auch Sie sollten dies tun – achten bei unseren Rezepten darauf, dass sie zur Jahreszeit passen. Den wundervollen Erdbeer-Risotto mit grünem Pfeffer servieren wie unseren Gästen nur dann, wenn es uns gelingt, wirklich vollreife und aromatische Früchte zu bekommen.

Freilich finden auch solche Leckereien Eingang in unsere Speisekarte, die praktisch das ganze Jahr über schmecken, wie etwa das witzige Parfait von Cantuccini. Das wurde zwar im ziemlich sonnigen Sizilien erfunden, die Mandelplätzchen halten sich, gut verpackt, aber bis zur nächsten Mandelernte.

Für die unglaublich gut schmeckende Birne in Marsala sollten Sie aber wieder auf die Jahreszeit achten.

Vor allem aber darauf: Zwar kommt es bei den Dolci ganz besonders aufs preußisch exakte Arbeiten an. Aber bei kaum einer anderen Küchentätigkeit werden Sie soviel Spaß haben. Vorher. Währenddessen…

Und, welch Überraschung – auch nachher.

Buon appetito!

Melonensalat mit Minzeis

Wie so oft in der italienischen Küche kommt es hier auf die Qualität der Zutaten an, vor allem also darauf, dass die Melone wirklich vollreif und auf der Höhe ihres Geschmacks ist.
Wer keine Eismaschine in seiner Küche hat, kann sich damit behelfen, dass er die gut abgekühlte Eismasse in den Tiefkühler stellt und alle zehn, fünfzehn Minuten mit einem Handrührer kräftig durchschlägt.
Dieses Eis wird nicht die cremige Konsistenz haben, die eine gute Eismaschine (oder ein Pacojet) erzeugt. Aber im Geschmack wird es keinen Unterschied geben.

FÜR DEN MELONENSALAT:
1 vollreife Honigmelone,
in mundgerechten Stücken
30 g Minze
50 ml Amaretto
30 g Mandelblätter, geröstet

FÜR DAS MINZEIS:
0,5 l Sahne
40 cl Minzlikör
10 g Gartenminze, in feinen Streifen
6 Eigelb
100 g Zucker
1 Vanilleschote

Die Melone schälen, in mundgerechte Stücke schneiden und mit dem Amaretto marinieren. Beim Anrichten die feingeschnittenen Minzblätter und die gerösteten Mandelblätter zugeben.
Die Sahne wird mit der ausgeschabten Vanilleschote kurz aufgekocht.
Zur gleichen Zeit werden die Eigelbe mit dem Zucker über einem Wasserbad „zur Rose" (also zur leichten Bindung, die auf einem Holzlöffel eine Art Rose zeigt) aufgeschlagen.
Unter ständigem Rühren wird nun die von der Vanilleschote befreite Sahne durch ein feines Sieb langsam zu der Ei-Masse gegeben und mit dem Likör abgeschmeckt.
Danach wird diese Creme über Eis (oder sehr kaltem Wasserbad) rasch abgekühlt. Dies ist wichtig aus Gründen der Lebensmittel-Hygiene! Sie sollte nun einige Stunden im Kühlschrank durch und durch eine niedrige Temperatur annehmen. Erst danach wird die Creme in die Eismaschine gegeben.
Das fertige Minzeis richten wir auf dem marinierten Melonensalat an.

Gelato di panna, geschmorte Zwetschgen, Orangenstreifen und alter Balsamico

Schade, wenn Sie keine gute Eismaschine haben! Zur Not können Sie die Eismasse rasch und sehr gut abgekühlt, kurz mit dem Handrührer aufschlagen, ins Gefrierfach geben, nach 15 Minuten noch einmal aufschlagen – und so fort, bis die Masse sich zu Speiseeis verwandelt hat. Der Traubenzuckerzusatz verstärkt das sonst leicht vom Zucker überlagerte Aroma. Wer es mag, kann ein wenig angerührte Stärke zur Eismasse geben. Den Läuterzucker stellen Sie aus je einer Hälfte Zucker und Wasser her, die Sie kurz aufkochen. Und noch etwas: Bitte achten Sie auf reife, aber nicht überreife Zwetschgen. Nach den ersten Herbstnebeln schmecken sie am besten!

Eis:
1/4 l Sahne
150 g Zucker
(2/3 Puder- 1/3 Traubenzucker)
6 Eigelbe
1 Vanilleschote (das Mark)

Zwetschgen:
1/4 l Rotwein
100 g Läuterzucker
(aus 1/2 Wasser u. 1/2 Zucker aufgekocht)
500 g Zwetschgen (halbiert, entsteint)
1 Tl Stärke
1 Orangen, unbehandelt
etwas alter Balsamico

Die Sahne zum Kochen bringen, das ausgeschabte Mark der Vanilleschote dazu geben und eine Minute mitkochen lassen. Gleichzeitig die Eigelbe gründlich mit dem Zucker verrühren und über dem Wasserbad „zur Rose" aufschlagen, also so lange vorsichtig erhitzen, bis die Masse dicklich wird. Würde man einen naß abgespülten Holzlöffel kurz eintauchen, würde sich darauf die Creme in Form einer „Rose" zeigen. Nun die Sahne zuerst in winzigen, dann immer größeren Portionen vorsichtig zugeben, bis die Masse leicht dicklich wird. Sofort über Eis oder kaltem Wasser abkühlen, dabei immer wieder sehr gut durchrühren!

Mindestens einen halben Tag im Kühlschrank durchkühlen, dann in die Eismaschine geben und das Eis fertig stellen.

Von einer Orangen feinste Streifen (Zesten) abschälen und mit Läuterzucker überbrühen. Danach in einer Pfanne karamellisieren lassen und mit Rotwein ablöschen. Mit ein wenig Stärke binden. In diesem Rotweinfond die Zwetschgenhälften ca. fünf Minuten ziehen lassen.

Das Eis mit den noch heißen Rotweinzwetschgen und einigen Tropfen von altem Balsamico servieren.

Bonet Schokoladenpudding

Welch ein Kuchen – eigentlich eher eine Creme, die ohne ein Stäubchen Mehl, nur durch die Bindung der Eier (durch die Grenzflächeneigenschaften des im Dotter enthaltenen Lezithins) in der milden Wärme des Wasserbades entsteht.
Wichtig ist es, beim Zusammenfügen von Milch und Eiern sehr vorsichtig zu Werke zu gehen – sonst kann das Meisterwerk leider gerinnen...

0,5 l Milch
6 Eier
1 Vanilleschote
2 Orangen (nur der Abrieb)
2 Zitronen (nur der Abrieb)
20 g Kakao
100 g Zucker
0,25 ml Karamel (fertig gekauft)
100 g Amaretti

Die Milch mit der ausgeschabten Vanillestange, dem Abrieb von Zitrone und Orange, dem Kakao und Zucker zum Kochen bringen.
In dieser Zeit in sechs Tassen jeweils einen Esslöffel Karamel und ein Amaretti geben.
Die Eier werden zunächst gut verquirlt. Dann wird der aufgekochte Milch-Sud durch ein Sieb unter ständigem Rühren ganz vorsichtig nach und nach in die Eimasse gegeben.

Die mit der Masse gefüllten Tassen werden auf ein tiefes Backblech gesetzt, das etwa 3 cm hoch mit Wasser bedeckt ist.
Schließlich werden die Tassen zuerst mit Klarsichtfolie und danach mit Alufolie abgedeckt. Bei 90°C pochiert der cremige Schokoladenkuchen ein- bis eineinhalb Stunden. Er kann noch warm serviert werden.

Erdbeer-Risotto mit grünem Pfeffer

Wir haben ja bereits auf vorangegangenen Seiten von der überwältigenden Vielseitigkeit des Risotto berichtet. Dieses scheinbar so einfache Reisgericht öffnet der Phantasie sehr weite Tore, und wahrscheinlich dürfte es schwerlich möglich sein, wirklich a l l e Risotti aufzuzählen, die in den Küchen Italiens (und der Welt) entstanden sind.
Nun, hier präsentiert die Küche des Palio eine süße Variante des Themas – und liefert gleich den Tipp mit, es nicht nur mit Erdbeeren zu versuchen...

200 g Vialonereis
1 l Vollmilch
0,5 l Sahne
40 g Butter
200 g Zucker

1 Vanilleschote (das Mark)
400 g Erdbeeren, reif, feste Frucht
1 Zweig Minze
2 El grüne Pfefferkörner
etwas Crema di balsamico

Die gut gewaschenen und peinlichst getrockneten Erdbeeren in ca. 0,5 cm große Würfel schneiden. Reis mit Butter anschwitzen und danach mit einem Teil des Milch-Sahne-Mixes aufgießen – gerade so, dass der Reis eben mit Flüssigkeit bedeckt ist.
Bei milder Hitze fleißig umrühren! Immer wieder etwas Milch-Sahne-Mix nachgießen. Das Ganze wird etwa 35 Minuten in Anspruch nehmen. Wie gesagt: Immer wieder umrühren, denn der Reis liebt es, am Boden anzuhaften. Haben die Reiskörnchen gerade eben noch etwas Biß, werden die übrigen Zutaten – die Erdbeeren, in Streifen geschnittene Minze und die Pfefferkörner – vorsichtig untergehoben. Verfeinert wird diese Risotto-Variante mit ein wenig Crema di balsamico.

Geschmorte Williams Christ Birne mit Marsala und Zimt

Dies ist nur scheinbar ein ganz einfaches Rezept – das aber durch die Kombination von Zimt, Marsala und der Bittersüße des Amaretto unverwechselbar italienisch und höchst raffiniert wird!

Achten Sie bitte darauf, nur absolut makellose Birnen vom gleichen Reifegrad zu verwenden; allzu weich dürfen die Früchte dabei nicht sein.

Sie können übrigens Ihre Kinder bedenkenlos damit füttern, denn der Alkohol entschwebt beim Kochen vollständig.

- 4 Williams Christ Birnen
- 0,3 l Marsala
- 100 g Zucker
- 50 ml Amaretto
- 1/4 Tl Zimt od. eine halbe Zimtstange

Den Marsala mit Zucker, Amaretto und Zimtstange nur ganz kurz aufkochen, um den Alkohol zu entfernen und das Aroma zu gewinnen. Die Williams Christ Birne sparsam schälen, halbieren und das Kerngehäuse mit einem Kugelausstecher (oder einem geeigneten kleinen Teelöffel) entfernen.

Die Birnen mit dem Marsala-Fond nur ganz leicht aufkochen und darin ziehen lassen, bis sie weich sind.

Tipp: Lassen Sie die Birnen im Kühlschrank mehrere Tage durchziehen. So bekommen die Früchte Farbe und einen intensiveren Geschmack.

Die Birnen vor dem Servieren vorsichtig aufwärmen und mit etwas Fond lauwarm auf den Tisch bringen.

Cassata von Cantuccini

Dies ist sowohl eine Anleitung für die Erzeugung zufriedener Leckermäuler als auch ein Grundrezept, denn statt der Cantuccini (einem würzigen Mandelgebäck aus der Provinz Prato nahe Florenz) können Sie auch Haselnusskrokant, Amarenakirschen, Konfitüre oder kandierte Früchte zur Parfaitmasse geben. Ihrer Phantasie sind keine Grenzen gesetzt.

Vorsicht beim Erhitzen der Eimasse: Das Wasserbad sollte eben noch nicht kochen. Und: Fleißig rühren, dabei die Innenfläche der Metallschüssel immer wieder mit dem Quirl abstreifen.

4 Eigelb
1 Ei
150 g Zucker (möglichst Puderzucker)
400 ml Sahne, steif geschlagen
1 Tüte Cantuccini, grob gehackt
1 Vanilleschote

In einer am Boden abgerundeten Metallschüssel über dem Wasserbad Eigelb, Ei, Zucker und die ausgeschabte Vanilleschote „zur Rose" aufschlagen, also so lange, bis die Masse an einem Holzspatel hängen bleiben und eine Art „Rose" darauf bilden kann.

Sofort die Schüssel ins möglichst eiskalte Wasser stellen und fleißig rührend abkühlen lassen.

Nun die Schlagsahne nach und nach unterrühren und zum Schluss die Masse mit den Keksen vermischen.

Die Parfaitmasse in eine mit Frischhaltefolie ausgelegte Kastenform füllen und im Gefrierschrank über Nacht fest werden lassen.

Tipp: In der leicht angefeuchteten Form haftet die Folie besser an den Wänden der Form.

Das steif gewordene Parfait kann schließlich aus der Form genommen, von der Folie befreit und in schöne Scheiben geschnitten serviert werden – durchaus auch mit Vanillesauce.

Tutti a posto für die Cucina casalinga

Die Cucina casalinga ist eine frische Küche. Viele der Zutaten sollten also so frisch wie möglich, am besten vom Markt oder direkt beim Erzeuger gekauft werden. Bio ist eine immer besser werdende Alternative, auch, was die Überwindung der einst so elitären Preisgestaltung und der früher noch öfter mangelnden Frischekultur angeht.

Aber es gibt viele Dinge, die in Ihrer Küche einen Stammplatz haben werden, wenn Sie der Versuchung der Cucina casalinga erst erlegen sind.
Die meisten Produkte, die Helmut Griebl hier empfiehlt, sind lagerfähig. Einige gehören in den Kühlschrank, andere ins kühle Dunkel und einige können Sie einfach irgendwie lagern.
Das gilt natürlich vor allem für die „hardware" – also Töpfe, Pfannen, Siebe und so weiter. Und viele Sachen, die Sie für die Cucina casalinga anschaffen, taugen dazu, den gesamten Küchenalltag aufzuhellen.
Die Geräte und Zutaten, um die es hier geht, sind selbstverständlich als Ergänzung gedacht. Sie müssen auch nicht alles erwerben, was hier vorgeschlagen wird. Wer zum Beispiel keinen PASTATOPF haben möchte (ein verständlicher Wunsch) fährt sehr gut mit einem ganz normalen großen Topf und einem großen SIEB oder DURCHSCHLAG. Wer allerdings an der Investition für eine NUDELMASCHINE sparen will (unsere vor 35 Jahren gekaufte Titania ist immer noch wie neu – und im Internet für unter 30 Euro zu erwerben), der darf sich nicht beklagen, wenn die handgerollten Nudelteige immer zu dick und nie ganz gleichmäßig ausfallen.

Hier also die Vorschläge:
An KÜCHENGERÄTEN
verlangt die Cucina casalinga neben den gewöhnlich vorhandenen Hilfsmitteln der deutschen Küche und der Nudelmaschine den erwähnten GROSSEN TOPF (10 Liter und mehr sind ideal), das GROSSE SIEB, einen HOBEL für PARMESAN und eine möglichst große BESCHICHTETE PFANNE von bester Qualität. Schön, wenn es in Ihrem Haushalt die üblichen Küchenmaschinen und vielleicht sogar einen kleinen FLEISCHWOLF gibt. In vielen italienischen Küchen zu Hause: Die „FLOTTE LOTTE".
Überaus empfehlenswert für das kontrollierte Kochen bei niedriger Temperatur sind ein FLEISCH- und ein OFENTHERMOMETER. Ein paar Euro für einen ZESTENREISSER helfen bei der Erzeugung aromatischer Zesten von Orangen- und Zitronenschalen.
Und eine EISMASCHINE? Das kommt ganz auf Ihre „Kunden" an: Viele Kinder (Leckermäulchen), öfter mal viele Freunde, die zum Essen kommen (und eventuell Kinder mitbringen), viel Platz in der Küche und genügend Geld. Wie auch immer, sollten Sie so ein Gerät erwerben, meiden Sie die so genannten Sorbetieren. Die sind viel zu schwach auf der Brust, um cremi-

Was Sie im Hause haben sollten

ges Gelato zu produzieren. Eine Eismaschine sollte einen möglichst starken Motor haben, ein großes, im Gefrierschrank vorzukühlendes Element – und einen möglichst geringen Inhalt. Denn erstens wollen Sie ja kaum dem Eismann an der Ecke Konkurrenz machen. Sie werden sich wundern, wie viel Eis zum Beispiel aus einem halben Liter Sahne entsteht! Und zweitens geht es ja vor allem um Qualität. Kleine Mengen schlägt dieses Maschinchen einfach besser durch.

Etwas, um ESPRESSO zu machen sollte sowieso im Hause sein.

An Flüssigem: OLIVENÖL (ein kräftiges aus dem Süden, ein leichtes aus dem Norden Italiens), ein NEUTRALES ÖL, etwa ERDNUSSÖL, guten WEINESSIG (weiß und rot), einfachen BALSAMICO und, wenn Sie die Investition nicht scheuen, ACETO BALSAMICO TRADIZIONALE DI MODENA oder -REGGIO EMILIA (diese Flüssigkeiten sollten möglichst im Kühlschrank aufbewahrt werden) dazu einen WEISS- UND EINEN ROTWEIN. Wenn Sie zum Beispiel einen MARSALA brauchen, vielleicht ja nur ein, zwei kleine Gläser – dann kaufen Sie die ganze Flasche ruhig mit gutem Gewissen. Der Rest wird schon nicht schlecht werden...

An Festem: PARMIGIANO und/oder GRANA PADANO (ungerieben!), verschiedene italienische BOHNEN- UND LINSENSORTEN (getrocknet), REIS FÜR RISOTTO (am besten CARNAROLI oder VIALONE, zur Not auch ARBORIO), POLENTAGRIES, HARTWEIZENGRIES, WEIZENMEHL 405 ODER 550, VERSCHIEDENE HARTWEIZENNUDELN, PINIENKERNE, MANDELN. Und MEERSALZ! Es muss nicht unbedingt das feine FLEUR DE SEL sein, einfaches, grobes Salz aus dem Meer genügt. Es bringt die für das Meer typischen Mineralien mit, vor allem Calcium- und Magnesium-Sulfat, die einen unverwechselbaren Geschmack geben. (Dass PFEFFER, gleich ob weiß oder schwarz frisch aus der MÜHLE kommt, ist doch selbstverständlich – oder?)

An sonstigen Zutaten: KNOBLAUCH, SCHALOTTEN, ZWIEBELN, GETROCKNETE TOMATEN, EVTL. GETROCKNETE STEINPILZE (Achtung: riesige Qualitätsunterschiede – die Pilzstücke sollten sauber und groß sein und irgendwie „appetitlich" aussehen.)

Jahreszeitliche Zutaten wie zum Beispiel MARONEN oder frische FRÜCHTE kaufen Sie ja sowieso immer frisch ein.

Haben Sie BROT oder BRÖTCHEN, die vom Vortage übrig geblieben sind? Nicht wegwerfen! Nachdem die Rinde entfernt ist, wird das Brot in kleinere Stücke geteilt und in der MOULINETTE (o.Ä.) zu SEMMELBRÖSELN. Die können in einem Schraubglas recht lange aufbewahrt werden; sind die Brösel noch zu feucht, sollte man sie allerdings im Ofen etwas antrocknen.

Übrigens: Die echte casalinga wird BRÖSEL unterschiedlicher Feinheit herstellen – zum PANIEREN, als BINDEMITTEL, um SAUCEN und SUPPEN anzudicken und so weiter.

BROT WIRFT MAN NICHT FORT, BASTA!

Des Palios gute Seele: Frau Walter

Eine Trattoria ohne die fürsorgliche Anwesenheit von La Mamma? Undenkbar! Im Palio hat La Mamma einen nicht ganz typischen Namen: Heidemarie Walter – ecco! Die gute Seele der Trattoria wurde in Hamburg geboren, ist Mutter von Zwillingen, die, brav, brav, jede für sich Frau Walther einen Enkel geschenkt haben und sie hat, kaum zu glauben aber wahr, etwa ein Achtel italienisches Blut in ihren Adern rollen.

„Meine Urgroßeltern mütterlicherseits", weiss Frau Walter zu berichten, „sollen aus Italien nach Hamburg gezogen sein, vermutlich, weil es dort auch damals schon viel Arbeit gab. Ganz genau kann ich das allerdings nicht sagen, denn meine Großeltern sind sehr früh gestorben."

Wie auch immer. Italien, zuerst Malcesine am Gardasee, dann die Adria, war schon zu ihrer Kindheit das immer wieder gefundene Traumziel.

„Italienisches Essen, die ganze Lebensart und natürlich das Wetter – wunderbar!"

Trotzdem war es eine Art zufälligen Glücks, als Heidemarie Walter im Herbst 1998 die Verwandlung ihrer Arbeitsstätte von der rustikal-langweiligen „Kutscherstube" in das aufregend neue, größere und viel, viel schönere „Palio" erleben durfte.

„Gemeinsam mit Helmut Griebl (ein Niederbayer)", erinnert sie sich schmunzelnd, „habe ich gelernt, wie man diese italienischen Wörter auf der Speisekarte ausspricht. Herr Schmitt (ein Hesse) hat uns das zunächst einmal beigebracht. Dann ging es wie von selbst."

Dass sie selbst ein vorzügliche Köchin ist, vielgereist und weltoffen, hat mit den Jahren eine vollendete Gastgeberin aus ihr gemacht.

Voll offensichtlicher mütterlicher Hingabe an ihre Kolleginnen, das Küchenteam und die vielen Stammgäste ist die geborene Hamburgerin eine Expertin für die Cucina casalinga und die wundervollen Weine des Palio geworden.

Derart perfekt (aber mit einer souveränen Leichtigkeit, als wäre sie irgendwo zwischen Gardasee und Sizilien aufgewachsen) verkörpert sie im Palio La Mamma, dass man Heidemarie Walter eine ganz besondere Sache irgendwie nicht abnehmen mag.

„Ich spreche," gesteht sie lächelnd, „kein Wort italienisch…"

Eine Reise wert: Trattoria Enoteca im Grandhotel Schloss Bensberg

Haben Sie Lust auf den Olymp – den gastronomischen? Dann besuchen Sie das Grandhotel Schloss Bensberg in der Nähe von Köln. Joachim Wissler, der vielleicht beste deutsche Koch, hat sein Vendome unter die besten 25 Restaurants der Welt gekocht. Für Gourmets also ein absolutes M U S S! Doch auch im Schatten des Gipfels läßt es sich trefflich speisen. Wie in Celle hat Andreas Schmitt, der als Vice President für die kulinarischen Belange aller Häuser der Althoff Hotel Collection zuständig ist, aus einem nicht ganz so hübschen Entlein einen stolzen Schwan, pardon *un orgoglioso cigno*, gemacht, die Trattoria Enoteca im Grandhotel Schloss Bensberg.

Marcus Graun, Küchenchef mit dem Hang zu teutonischer Exaktheit und deutscher Detailverliebtheit, zelebriert hier eine ambitionierte Küche, deren Kreationen sich – der Name deutet dies an – eng an das Angebot des Kellers anzuschmiegen scheinen.

Dabei entstehen immer wieder aus ur-italienischen Gerichten phantasievolle Variationen, die sich bei aller Liebe zur *Cucina italiana* auch witzigen Einkreuzungen aus unseren Landen nicht versagen; das Rezept auf Seite 121 ist ein Beispiel. Hier teilen sich Thunfisch, Olivenöl, Sauce Vitello friedlich den Teller mit Spargel und Nordseekrabben. Eine Erfolgsstory.

Andererseits weiß Marcus Graun mit sicherem Instinkt, wo wirklich nur mit Produkten des Landes, nein, einer bestimmten Region, kulinarisch Staat zu machen ist.

Die Amalfi-Küste wurde von einem deutschen Journalisten einmal der „heilige Gral der Zitronen" genannt, und tatsächlich reifen in einem nur 40 Kilometer langen Küstenstreifen, meist in steiler Felslage, zweimal im Jahr die besten Zitronen der Welt heran. Sie machen das super-einfache Risotto von Amalfi-Zitronen (S. 120) zum Fest der Sinne!

Oder dieser Stengelkohl. Cima di Rapa mit seinem eigentümlich nach Kohl erinnernden Geschmack erobert sich auch hierzulande die Märkte – langsam allerdings. Umso reizvoller, Ravioli mit seiner unverwechselbaren Note zu füllen (S. 122).

Und dass Olivenöl und Schokolade eine geradezu sündige Ehe eingehen können, lässt sich bei Grauns letztem Rezept in diesem Buch (auf Seite 124) nacherleben.

Nacherleben? Fahren Sie mal hin! Wie schon im Palio wird man Sie auch dort gewiss mal öfter begrüßen dürfen.

Risotto von Amalfi-Zitronen: Der verführerische Duft des Südens

Wir haben es ja gesagt: Es gibt unzählige Risotto-Gerichte. Dieses hier ist ausgesprochen südlich; genau genommen sind die Salzzitronen eine marrokanische Spezialität, die dort vor allem der Tajine ihre unverwechselbare Würze geben. Auch die Amalfi Zitronen sind molto speciale. Ihre Marktreife haben sie eigentlich nur zweimal im Jahr: Im Sommer ist es die erstblühende primo fiore, im Herbst die grünere verdelli. Versuchen Sie unbedingt, beide Zutaten zu ergattern. Nicht leicht – es lohnt sich aber auf jeden Fall!

200 g Risottoreis (z.B. Vialone Nano von Ferron)
30 g Schalottenwürfel
1 El Butter
1 El Olivenöl
100 ml Weißwein
20 ml Limoncello
400 ml Geflügelfond

30 g Parmesan, frisch gerieben
1 Tl fein gehackte eingelegte Salzzitronen
1 Amalfi Zitrone (Saison von April bis November)
20 g kalte Butterwürfel
Salz & Pfeffer

Den Reis und die Schalottenwürfel in der Olivenöl/Buttermischung anschwitzen, mit Weißwein und Limoncello ablöschen, mit heißen Geflügelfond auffüllen.
Etwa 18 Minuten garen, er sollte noch leichten Biss haben. Dabei, wie immer beim Risottokochen fleißig rühren.
Zum Schluss Parmesan, Butterflocken, fein gehackte Salzzitronen und den frischen Abrieb einer Amalfi Zitrone zugeben.
Schließlich mit Salz und Pfeffer sorgfältig abschmecken.
Zu diesem feinen Risotto passen sautierte Jakobsmuscheln oder Riesengarnelen ganz hervorragend.

Thunfischfilet in Olivenöl confiert mit Sauce Vitello, Spargel und Nordseekrabben

Probieren Sie Ihren Haushaltsvakuumierer – vermutlich mit geringem Erfolg. Schlagen Sie den Fisch stattdessen sehr gut in Folie und dann noch einmal in Alufolie ein. Erhöhen Sie die Garzeit auf eineinhalb Stunden. Und kontrollieren Sie alle fünf Minuten die Temperatur des Wasserbades. Ein ziemlicher Aufwand, dieses Sous vide Kochen. Aber es lohnt sich allemal!

THUNFISCHFILET:
300 g Thunfischfilet
50 ml Carotina-Olivenöl (würziges Olivenöl von grünen Oliven aus Apulien)
1 Rosmarinzweig
1 Thymianzweig

SAUCE VITELLO:
150 ml kräftiger Kalbsfond
50 ml Mayonnaise
1 Tl Dijonsenf
1 Sardellenfilet
5 Kapern
10 Basilikumblätter
1 Zweig Blattpetersilie

20 ml Olivenöl
Etwas weißer Balsamico
Salz & Pfeffer

SPARGEL:
400 g frischer Spargel (je nach Saison weiß oder grün)
Salz, Zucker, Butter
1 Tl Dijonsenf
75 ml Champagneressig
350 ml Traubenkernöl
Salz, Pfeffer

Das Thunfischfilet mit dem Carotina-Olivenöl und den Kräutern fest vakuumieren. Im Wasserbad bei 38° C etwa eine Stunde garen und im Eiswasser abkühlen lassen
Den Kalbsfond mit der Mayonnaise und den anderen Zutaten fein mixen, passieren und abschmecken.
Das Thunfischfilet in Tranchen schneiden, fächerförmig auf dem Spargel (zwei Stunden in der Marinade kühl ziehen lassen!) anrichten und mit frischen Pfeffer und Meersalz nachwürzen. Sauce Vitello angießen und die in etwas Olivenöl, Zitrus-Olivenöl (wenn vorhanden, sonst einige Spritzer Zitronensaft) vermengten und mit Schnittlauchröllchen bestreuten Nordseekrabben locker über den Thunfisch geben.
Mit verschiedenen marinierten Kräutern und Kresse garnieren.

Ravioli mit Stengelkohl

Stengelkohl, eine italienische Wildform des Brokkoli, werden Sie in Deutschland nur sehr schwer finden. Probieren Sie Grünkohl. Und achten Sie darauf, dass der Teig, wie auf den Seiten 36 und 50 beschrieben, sehr sorgfältig und sehr dünn ausgerollt wird.

0,5 kg Stengelkohl geputzt, blanchiert und ausgepresst (oder Grünkohl, nur die Blätter)
Olivenöl
5 Schalotten, fein geschnitten
etwas Mehl
50 ml Sahne
100 g Parmesan, frisch gerieben
Peperoncini, Muskatnuss, Salz und Pfeffer

Die Schalottenwürfel in Olivenöl anschwitzen, mit etwas Mehl bestäuben und mit Sahne auffüllen. Dann den vorbereiteten Stengelkohl zugeben, kurz durchkochen, etwas auskühlen lassen, den Parmesan unterheben und mit Peperoncini, Muskatnuss, Salz und Pfeffer abschmecken.

Auf den ausgerollten Nudelteig kleine Häufchen der Füllung setzen, den Rest der Teigplatte mit Vollei bepinseln und mit einer anderen Teigplatte bedecken.
Ravioli ausstechen und in reichlich kochendem Salzwasser ca. drei Minuten köcheln lassen.

BRUNNENKRESSEPESTO:
100 g Brunnenkresse (geputzt, kurz in kochenden Wasser blanchiert, in Eiswasser ausgekühlt und sehr gut ausgedrückt)
100 ml Olivenöl
25 g Parmesan, frisch gerieben
25 g Petersilienblätter
1 El Pinienkerne
Salz, weißer Pfeffer, etwas weißer Balsamico

Die Brunnenkresseblätter mit dem Olivenöl, Parmesan, Petersilie und den Pinienkernen im Mixer fein pürieren und mit Salz, Pfeffer und Aceto abschmecken.

Tomatenwürfel aus vier großen, reifen Tomaten in einer Butter/Olivenölmischung kurz anschwitzen, mit Zucker, Salz und etwas weißen Balsamico würzen.
Nun die gekochten, noch heißen Ravioli zugeben und vorsichtig schwenken.

Das Brunnenkressepesto dünn auf einen Teller geben, die Ravioli obenauf mit etwas Pesto nappieren, mit Parmesanspänen, Pinienkernen und getrockneten Kirschtomaten garnieren.

Olivenöl-Schokoladenmousse mit Prosecco-Gelee und Himbeeren

Wer es noch nicht wusste – oder gar nicht glauben wollte, wird nach diesem schönen Dessert überzeugt sein: Ja, die Paarung geht! Olivenöl, sogar das herbe apulische, und Bitterschokolade vertragen sich ausgezeichnet. Brechen Sie die Schokolade vor dem Schmelzen in kleine Stücke, rühren dann mit einem Spachtel (oder „Kinderschreck") immer wieder um, bis die Schokomasse geschmolzen ist. Das Wasserbad darf auf keinen Fall kochen!

Mousse:
180 g dunkle Kuvertüre (70 %)
125 ml apulisches Olivenöl
3 Eier
100 g Zucker
200 g geschlagene Sahne

Gelee:
125 ml Prosecco
30 g Zucker
1 Blt Gelatine

Anrichten:
32 Himbeeren
50 ml Crema di balsamico (reduzierter Traubenmost)

Die Kuvertüre im Wasserbad schmelzen lassen, ein wenig abkühlen und das Olivenöl vorsichtig, zuerst eine Miniportion, dann immer mehr, einrühren.
Die Eier trennen. Die Eigelbe mit 50 g Zucker schaumig schlagen; das Eiweiß mit 50 g Zucker weich schaumig schlagen. Nun beide Eiermassen vorsichtig mit der Schokoladenmasse verrühren, die geschlagene Sahne unterheben und in Gläser abfüllen.
Mindestens acht Stunden durchkühlen lassen.

Den Prosecco mit Zucker aufkochen und die eingeweichte Gelatine darin auflösen, auskühlen lassen und auf die gut durchgekühlte Mousse gießen. Die frischen Himbeeren kreisförmig am Glasrand anrichten, wobei jede zweite Himbeere mit der Öffnung nach oben gesetzt wird. In diese Öffnung ein paar winzige Tropfen Crema di Balsamico einfüllen.
Mit frisch und fein geschnittenen Minzblättern bestreuen.

Wenn das Glück flüssig ist: Die Weine und Brände des Palio

Wir im Palio haben immer wieder gutes Olivenöl und Parmesan höchster Qualität zu unseren Rezepten verwendet. Beides ist dabei weit mehr als nur einfache Zutat – Käse und Öl fungieren hier als edle Gewürze. Aber da fehlt doch noch etwas? Ecco! Die Küche Italiens ist ohne Weine und edle Brände wie eine Suppe ohne Salz.

Heidemarie Walter, die *mamma* unserer *Cucina casalinga* würde in arge Verlegenheit kommen, wüßte sie nicht zu jedem Gericht (und zu jedem Anlass) den passenden Rebensaft zu servieren. Auf ihre kleine aber sehr feine Weinkarte kann die Servicechefin des Palio stolz sein (zumal sie sich bei Bedarf aus dem großen Keller des Endtenfangs ergänzen lässt).

Für konstante Qualität sorgt unser Lieblings-Weinpartner Giovanni Cariglino, der mit seinem *Vino é piu* einige der besten Weingüter Italiens vertritt, der aber neben den ganz großen Namen auch seine ganz besonderen Trouvaillen pflegt.

Zum Beispiel die *Fattoria Poggio Antico* in Montalcino. Oder die *Azienda Agricola Candialle* aus Panzo in Chianti. Und natürlich die „Mutter aller modernen Grappe", die einzigartige *Distilleria Nonino S.p.A.* aus dem Friaul.

Hinter jedem dieser Namen steht eine Geschichte, eine schöne und irgendwie auch typisch italienische *storia*. Sie sind es wert, erzählt zu werden.

Fangen wir an mit der *Fattoria Poggio Antico* in Montalcino.

Poggio Antico: Die Menschen, die Liebe und die Leidenschaft des Weinmachens

Die schöne Webseite bringt es auf den Punkt „Poggio Antico – das ist eine Kombination aus Menschen, Liebe und der Leidenschaft des Weinmachens in der wunschönen Landschaft der Toskana." Das Resultat ist flüssiges Glück, lässt sich genießen als Brunello, Altero, Madre and Rosso di Montalcino. Poggio Antico ist einer der großen Namen auf der Weinkarte des Palio.

Die Geschichte des Weingutes wurde 1984 neu geschrieben. Es war etwa ein Dutzend Jahre zuvor gegründet worden, doch das Potential des 200 Hektar großen Betriebs lag im tiefen Schlummer. Und dieses Potential war groß! In einer Höhe von durchschnittlich 450 Metern gelegen, die Böden durch Fels und Kalk bestens entwässert, immer wieder von den Höhenwinden gut durchlüftet, wenden sich die 32,5 Hektar großen Weinberge gegen Süden und Südwesten – perfekt!

Giancarlo und Nuccia Gloder setzten unmittelbar nach dem Erwerb des Weingutes alles daran, dieses Potential zum Leben zu erwecken, und sie taten das, was zu dieser Zeit fast überall auf der Welt den Weinbau revolutionierte.

Die erste Aufmerksamkeit galt den Weingärten. Hier wurden sofort die Erträge drastisch reduziert – heute ist Poggio Antico ungefähr bei bescheidenen 30 Hektolitern/Hektar.

Zum zweiten galt das Augenmerk dem Keller. Alle alten und überalterten Fässer wurden entfernt, neue Eichenfässer aus slowenischer und französischer Eiche gekauft.

Drei Jahre nach dem Erwerb übernahm die jüngste Tochter, Paola Gloder, die Leitung des Weingutes. Die junge, mit ganzem Herzen engagierte Weinmacherin wurde dann seit 1998 durch ihren Ehemann Alberto Montefiori unterstützt. Die beiden setzten das damals schon sehr erfolgreiche Streben nach höchster Qualität mit all ihrer Leidenschaft fort.

Die Auslese der Trauben beginnt, wie gesagt, bereits im Weinberg, wo dreimal im Jahr jeder Weinstock fachmännisch inspiziert und dann ausgedünnt wird. Nach einer selektiven Lese, wandern die Trauben ganz rasch in die Kellerei, wo sie von Hand entrappt und einem mehrfachen Ausleseprozess unterzogen werden.

Nur die besten, reifen, unbeschädigten Trauben werden bei Poggio Antico zu Wein!

Dieser Wein wird fast ausschließlich aus Sangiovese bereitet. Je nach Qualität entstehen dann die Brunellos als Brunello, Riserva, Altero und Rosso. Aus einer Cuvee mit Cabernet Sauvignon die neueste aufregend reiche Kreation, der Madre.

Der Erfolg dieser Menschen, ihrer Liebe und Passion für ihre Weine lässt sich immer wieder auch in der internationalen Weinliteratur nachlesen.

Besser aber ist es, die köstlichen Kreszenzen von Poggio Antico bei einem Besuch im Palio zu erleben: Reines Glück im Glas!

Distilleria Nonino S.p.A.
Frauen-Power für die Sanftheit des Grappa

Es war eine wirkliche Revolution. Voran getrieben mit Frauen-Power stellte sie eine wie es schien unerschütterliche Tradition auf den Kopf. Sie machte Schluss mit dem rauhen Grappa für Bauern, den kein vernünftiger Mensch zum Ende eines guten Menüs gekippt hätte. Giannola Nonino schuf einen kristallklaren Nektar, der dieses Getränk und ihren Namen weltweit zum Synonym für edle Brände werden ließ.

Es waren die Jahre vor 1973. Gegen die Bedenken der Schwiegermutter („Die wird uns noch ruinieren!") hatte Benito Nonino, Grappa-Brenner seit vier Generationen, seine Giannola geheiratet – und sich unruhige Zeiten ins Haus geholt. Der Grund: Auch Benito nahm für seinen Grappa den üblichen Mischmasch aus meist auch noch abgestandenen Trestern aller möglichen Traubensorten. Die brannte er – gemäß der Tradition in den Regionen Norditaliens – gemeinsam mit Stängeln. Aber er war äußerst genau in der Auslese des Tresters und der Destillation.

Giannola war fasziniert von der Destillierkunst Benitos, und es war ihr klar, welches Riesen-Qualitätspotential sich da erschließen lassen würde.

„Meine Mutter", erzählt Antonella, eine der drei bildhübschen Töchter, die heute gemeinsam mit der Mama ihr Edeldestillat weltweit repräsentieren, „ging zu den Frauen der Weinbauern hier im Friaul und bot ihnen etwas mehr Geld, wenn sie den Trester sortenrein und tagesfrisch anlieferten."

Ein klares Konzept. Die Trester der Traubensorte Picolit wurden sorgfältig gereinigt, unbrauchbare Reste ausgelesen – und dann von Benito mit größter Aufmerksamkeit in diskontinuierlichen Dampfbrennkolben gebrannt. Im Jahr 1973 hatten Giannola und Benito damit ein revolutionäres Produkt ins Leben gerufen: Monovitigno Nonino. Giannola Noninos ließ diesen neuen äußerst eleganten Grappa in mundgeblasene Dekanter mit Jahrgangsangabe füllen. Ein silberner Verschluss, dazu ein handgemaltes Etikett an einem roten Band – das signalisierte der Welt: Hier kommt etwas völlig Neues auf euch zu! Trotzdem dauerte es fast ein Jahrzehnt, bis die Welt diesen neuen Grappa schätzen lernte.

Mittlerweile ist aus der kleinen Brennerei ein Imperium geworden. Beinahe eine Million Flaschen pro Jahr, wovon 10% Grappe Cru Monovitigno und 40% Grappe Monovitigno sind, eine Reihe von Traubendestilaten ausgezeichneter Qualität; ÙE Acquavite d'Uva im Jahr 1984 erfunden, um den vollzeitigen Eintritt der Töchter in die Destillerie zu feiern, bis hin zu Obstdestillaten und reinen Honigdestillaten GIOIELLO Nonino.

Seit 1952 befinden sich in den Reifekellern der Nonino-Brennereien kleine Fässer aus verschiedenen Hölzern, heute sind es bereits 1600 für die natürliche Reife der Riserve Nonino, ausgezeichnete gereifte Grappe, die ohne Zusatz von Aroma- oder Farbstoffen abgefüllt werden.

Heute ist Grappa á la Nonino den ganz großen Bränden der Welt ebenbürtig.

Und im Palio gewährt er jedem Menü einen glanzvollen Abschluß.

Azienda Agricola Candialle
Sangiovese aus dem Tal der goldenen Schale

Candialle ist so alt wie seine Weine jung sind. Die Weinmacher, Seiteneinsteiger aus Deutschland und Finnland – kann das gut gehen? Allerdings! Denn nach einer recht kurzen Startphase sind die drei Weine des Weinguts Candialle im toskanischen Panzano auf den Notizzetteln praktischer aller relevanten Verkoster mit bemerkenswerter Freundlichkeit aufgetaucht.

Das Weingut Candialle von Josephin Cramer und Jarkko Peränen ist fast 25 Hektar groß, von denen beachtliche 6,7 Hektar mit Reben bepflanzt worden sind. Seine wunderschönen mittelalterlichen Gebäude liegen inmitten der Rebberge in 300 bis 350 Meter Höhe am Südende der berühmten Conca d'Oro, dem Tal der „goldenen Schale" im Chianti. Die Weinstöcke (vorzugsweise Sangiovese) wurden seit 2002 mit der Hilfe des Agronomen Remigio Bordini in ausgesprochen Reben-freundliche Böden gesteckt. Dieses terroir besteht aus Galestro, einem mergelähnliches Gestein, sowie einem geringen Anteil an Albarese-Kalkstein. Das ist jene Kombination die für viele der besten Weinberglagen im Chianti Classico Bereich charakteristisch ist. Beim Ausbau der drei bislang vorgestellten Weine versicherten sich die Jungwinzer der Hilfe eines der renommiertesten Önologen des Landes, Vittorio Fiore.

Im Jahre 2002 begannen die junge Deutsche, eine studierte Wirtschaftswissenschaftlerin, und ihr finnischer Mann sich durch sorgfältige Arbeit im Weinberg, mit ihrer stetig wachsenden Erfahrung und immer weiter zunehmenden Kenntnissen in der Weinbereitung unter Kennern einen Namen zu machen. Ihr Ausgangspunkt läßt sich einfach beschreiben: Die beiden hatten vor, einen für Candialle terroir-typischen Wein zu keltern.

Josephin Cramer und Jarkko Peränen waren sich freilich bewußt, dass dies ein Langzeitprojekt werden würde. Zu ihrer (und vieler Weinliebhaber) großer Freude findet sich allerdings schon heute eine wundervolle Kontinuität in den letzten 5 Jahrgängen wieder.

War es ein Hindernis, dass die hübsche junge Frau aus einer zutiefst sauerländischen Brauereifamilie stammte? Aus einer Region, wo früher zumindest Wein ein Fremdwort mit vier Buchstaben gewesen war?

„Meine Mutter", erklärt Josephin Cramer, „ist Rheinländerin. Dort ist man frankophil, trinkt Wein, liebt Wein. Das hat mich schon recht früh geprägt."

Ebenso wie der Wunsch, etwas mit den eigenen Händen zu schaffen, auch unter schwierigen äußeren Bedingungen. Denn die scheinbar so liebliche Toskana schickt im Winter trockne Kälte über ihre Weinberge, im Sommer manchmal extreme Hitze. „Vor allem dann", sagt die hübsche junge Frau, „ist es harte Arbeit!"

Arbeit, die sich lohnt. Ihre drei Weine, „Candialle", ein typischer Chianti Classico, „Pli" (ein 24 Monate im Eichenfass gereiftes Kraftpaket) und der phantastische „Ciclope Toskana", ein samt-seidiger Rosso setzen auch auf der Karte des Palio wahre Highlights.

Register

A
Agnolotti mit Fondutasauce 50
Antipasti 16
Aquacotta 31
Artischocken 86
Azienda Agricola Candialle 129

B
Bonnet Schokoladenpudding 106
Brodo Grundzutaten 27

C
Cacciucco alla livornese 60
Calamaretti 19
Carne Cruda 18
Cassata von Cantuccini 110
Chiantisauce 90
Chicorée, geschmort 90
Crostine 31
Cordonbleu „Palio" 82

D
Distilleria Nonino 128
Dolci 100f

E
Enoteca 118
Entenbrust 90
Erdbeer-Risotto 107

F
Fasan 83
Feigenmostarda 90

Fisch und Meeresfrüchte 58
Fleisch, Geflügel, Wild 72f
Fontina-Käse 82
Frittata von Blattspinat 23

G
Gelato die Panna 104
Gnocchi 74
Gnocchi alla Piemontese 52
Gremolata 96

I/J
Involtini vom Kalb 88
Jakobsmuscheln all' arrabbiata 62

K
Kalbszunge 14
Kaninchen, geschmort, 94
Kartoffelsalat, ligurisch 19

L
Lammhaxe, geschmort 86
Lardo di colonnato 84
Linsen 16

M
Melonensalat 102
Minestrone 32
Minzeis 102
Mostarda von Aprikosen 52

N
Nordseekrabben 121

Nudeln 36f und 50
Nudelteig, grün 50
Nudelsaucen, die wichtigsten 38ff

O
Ochsenschwanz, geschmort 84
Ochsenschwanzfüllung 48
Olivenöl-Schokoladenmousse 124
Ossobuco 96

P
Panzanella 20
Pansotti 48
Pastateig 36f und 50
Pasta in Brodo 28
Pastasaucen 38ff
Parmaschinken 82
Penne all' amatriciana 44
Peperonata 92
Perlhuhn 92
Pici 51
Poggio Antico 127
Polenta, cremig 83
Polenta, gebraten 85
Prosecco-Gelee 124

R
Ravioli „Palio" 46
Ravioli mit Stengelkohl 122
Ribollita 30
Rinderfilet Siracusa 76
Risotto 54
Risotto alla milanese 55

Risotto von Amalfi-Zitronen 120
Rotbarbe, in der Folie gegart 68

S
Salsa Verde 38
Sauce Vitello 121
Scampi 20
Spaghetti all aglio, olio e peperoncini 42
Suppen 26f

T
Thunfisch 64
Thunfischfilet in Olivenöl 121
Tomatensalat 20
Tomaten-Zwiebelragout 88
Traubensauce 83

W
Walter, Heidemarie 116
Was Sie im Haus haben sollten 114f
Wassermelone, gegrillt 64
Weine und Brände 126ff
Wildschweinsalami 22
Wildschweinsugo 51
Wildschwein, Spezzatino 74
Williams Christ Birne 106

Z
Zwetschen, geschmort 104
Zwiebel, gefüllt 22

Live in Italian

Die italienische Art zu genießen in den besten Restaurants überall auf der Welt.